大学図書館経営論

加藤好郎

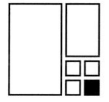

勁草書房

はしがき
―― 今、大学図書館員に求められているもの ――

　英国では2003年10月に、横断的に博物館、図書館、文書館を管理・運営する形で、新しい組織である英国博物館・図書館・文書館国家評議会（MLA）が構築された。[1] 英国の例を引き出すまでもなく、現代の図書館は、ひとつの組織だけで改革を行う時代は去り、他の図書館や他の関連機関とのコンソーシアム、コラボレーションに代表されるような協力体制を組むことが必要な時代となっている。

　一方、大学教育の変革は、1970年代に米国カーネギー高等教育審議会が公表した大学教育の再検討に関する報告に遡る。知識（情報）の増大は著しく、その結果もたらされる知識という新しい富の増加は、誰もそのすべてを確実に掌中に収めることはできない。そればかりか、学生時代には、その内の僅かなものを知識のサンプルとして獲得するに過ぎないことを意味している。そこで問題となるのは、教育を受ける人々が社会と自分について何を知ることができるのか、何を知らなければならないか、そして、それらのことをいかにして入手するかということであろう。いずれにしても、既存の知識を教授するという高等教育に課せられた役割は、その重要性が減少しつつあり、それに比して、生涯を通じての自己開発の技術や方法、特に図書館を活用する自主的勉学の技術と方法を教授することの重要性が高まりつつある。カーネギーの高等教育審議会の報告では、このことを実現するために、大学図書館の役割はより重要となり、教育の中心としての機能性が求められているとしている。そのためには、図書館の経営、図書館の組織を整備すると同時に、各担当に、職務に精通したプロフェッショナル・ライブラリアンを配置することも必要となる。

　現代の図書館員に求められている大きな要素は、コミュニケーション能力とネットワーク能力である。プロフェッショナル・ライブラリアンの原点は、顧

客志向、利用者志向に基づき、顧客満足度を高めるために消費者・生産者でもある利用者と研究者のコミュニケーションを図ること、さらに、図書館界内外のネットワークを構築することである、と筆者は考えている。

　また、図書館のトップ・マネージメントに必要なのは、ディレクター、あるいは、ザ・ライブラリアンであり、大学図書館長の知識・技能・感性・経験・サービス精神の力量によって、大学図書館経営の成否が左右されるといっても過言ではない。

　本書の目的は、第一に、日本の図書館の経営、特に大学図書館の経営の基本と現状、また、米国を中心とした図書館経営の実際について考えることである。第二に、現代の図書館経営についての方向性とこれからの図書館員に必要な役割を示すことである。

　また、筆者はながく大学図書館にかかわってきたことから、大学図書館の経営の充実のための参考事例として、日本の民間企業の経営や地方自治体の行政改革、あるいは米国を中心とした海外の図書館の在り方や企業経営を紹介することにより、大学図書館を中心として、今後の日本の図書館の経営について検討したい。本書は主に学生向けのテキストとなっているが、読者の方々には、図書館経営を成り立たせるために、どのような特性を持ったプロフェッショナル・ライブラリアンが求められているのかを認識してほしいと思う。そして、資格としての「司書」を求めるのではなく、ライブラリアンの仕事の深みを理解し、このグローバル化の時代、国際人としてのライブラリアンへの夢を持ってほしいと願っている。

　　2011 年 10 月

　　　　　　　　　　　　　　　　　　　　　　　　　　　加藤　好郎

1） その後の経済情勢の悪化により、2010 年 11 月、英国の文化・メディア・スポーツ省は、英国博物館・図書館・文書館国家評議会（MLA）を 2012 年 3 月までに解散し、事業の一部をイングランド芸術評議会（ACE）に引き継ぐと発表した。

大学図書館経営論

目　次

はしがき ── 今、大学図書館員に求められているもの ──

序　章　経営組織論の基礎 ……………………………… 1
　1.　経営学の発達：和魂洋才 ……………………………… 1
　2.　古典的経営論と新古典的経営論 ……………………… 4
　3.　図書館史の概略：日本・米国・英国の場合 ………… 8

第1章　図書館経営論の基礎知識 ……………………… 12
　1.　図書館経営論の必要性 ………………………………… 12
　2.　自治体行政と図書館 …………………………………… 13

第2章　図書館経営の基本原則 ………………………… 26
　1.　図書館サービスの実際 ………………………………… 26
　2.　図書館の評価 …………………………………………… 35

第3章　図書館経営の充実のために …………………… 43
　1.　サービスの構築とマーケティング …………………… 43
　2.　大学図書館の実態と評価 ……………………………… 47

第4章　図書館の組織・運営・管理 …………………… 52
　1.　図書館の組織 …………………………………………… 52
　2.　図書館における非公式な組織 ………………………… 61
　3.　図書館の管理運営 ……………………………………… 79

第5章　図書館経営におけるリスクマネジメント
　　　　と戦略策定の環境分析 ……………………………… 103
　1．リスクマネジメントの必要性 ………………………… 103
　2．危機管理マニュアルの作り方 ………………………… 115
　3．経営戦略策定のための環境分析 ……………………… 116

第6章　図書館経営におけるクラスター構成と
　　　　図書館の専門職 …………………………………… 120
　1．産業クラスターとは …………………………………… 120
　2．図書館クラスターを構成する概念 …………………… 121
　3．専門職としての10機能と5つの主題 ………………… 125
　4．経営者としての心得 …………………………………… 127
　　　──大学図書館員を目指す人へのメッセージ

第7章　大学図書館経営におけるコンソーシアムと
　　　　ライフサイクル …………………………………… 131
　1．米国におけるコンソーシアム ………………………… 131
　2．ニューヨーク・パブリック・ライブラリーの
　　　サービスと経営 ……………………………………… 141

第8章　図書館経営におけるプライバシー保護 ………… 148
　1．図書館の自由としての権利宣言 ……………………… 148
　2．米国のテロ（Sep.11）後の「愛国者法」とは ………… 157

第9章　図書館経営における著作権問題 ………………………… 162
　1．著作権とは ……………………………………………………… 162
　2．大学図書館と著作権 …………………………………………… 165
　3．著作権問題と対応策 …………………………………………… 170

第10章　大学図書館員教育の実際 ………………………………… 177
　1．ケースメソッドを用いた大学図書館員教育の有効性 … 177
　2．プロブレム・ケース・スタディの実際 ………………………… 180

資料1　クラス討議「日曜開館と開館時間延長について」……… 183
資料2　クラス討議「図書予算の削減とサービスの向上」……… 187
資料3　「図書館の自由に関する宣言」「図書館員の倫理綱領」… 193
参考文献 …………………………………………………………………… 195
索　引 ……………………………………………………………………… 197

序　章
経営組織論の基礎

1. 経営学の発達：和魂洋才

　経営学は、19世紀の後半に米国において発達した。日本での経営学の発達は、20世紀になってからになる。もともと勤勉な日本人は、黙っていても仕事に従事する気持ちがあり、仕事に対する高い意欲を持っていた。例えば米国は、人種の坩堝ともいわれる。多様な人それぞれの価値観が異なり、ひとつの組織として生産性を高めることに集中することの困難性も想像に難くない。学問としての経営学が確立され、発達することは組織の生産力の安定にもつながる。個々人に対して仕事へのモチベーションをもたらすための理論として、経営学が米国で必要とされた要因のひとつとして考えられよう。

　日本では、中国大陸からの文化交流を通じた「和魂漢才」を出発として、明治期以降は西欧の国に学ぶ「和魂洋才」が重要視されたが、高度経済成長期には「ジャパン・アズ・ナンバーワン」として日本的経営論がもてはやされるようになった。1980年代後半以降、特にいわゆるバブル経済が弾けてからは、経営そのものの研究よりも組織論の重要性が叫ばれ、現在では営利・非営利の組織にもその理論の重要さが認識され、多くの団体にとり入れられている。経営学は、企業（会社）の学問として発展するが、最近では、組織論としても捉えられている。企業だけではなく、営利・非営利の組織（学校、病院、図書館等）への議論も拡大している。経営論と同時に組織論がより重視されているのは、組織は複数の人間が共通目的を達成するために、ある仕組みのもとで活動

するものであり、また例えば、人間を要素とするひとつのシステムであるという組織の捉え方も組織論の広がりの背景となっている。

　日本人の特性については、福澤諭吉の論にも触れたい。望月（2001）によれば、福澤の日本人観はこうである[1]。「たとえば、一人一人の役人を見れば、心の広い立派な人も多い。だが、政府に集まって仕事をすると、とたんに人格が一変してしまう。日本人は一人の時は賢人だが、集団になると愚者になる。集団になると個性を発揮することができなくなるのは、日本人が外に目を向けず、ことなかれ主義に陥るからだ」という。また福澤は、「インドは紀元前から栄えた歴史がある。ゼロという考え方を発明し、深い哲学を持っている。トルコは強大な軍事力を持っていた。しかし両国とも、ヨーロッパに支配されてしまった。この理由は外国に目を向けず、外国から優れたものを取り入れてこなかったからだ。その結果、国際競争力をなくし、国力を失ったのである。これまで日本が独立した国でいられたのは、外国との戦争による危機がなかったからである。外国との関わり合いがなかったから、すべての問題が国内の問題として処理されてきた。しかしこれは、家の中だけで大切に育てられた子どもが、世間に揉まれずにいた結果、ひ弱になるのと同じことだ。日本も外国に揉まれなければ強くなれない」とし、「国には、それぞれ長い間に培われた習慣やものの考え方があるから、いくらよいと思っても、外国から何かを取り入れるときには、よく考えてから実行することが必要だ。口を開けば欧米を賞賛して、日本を改革するべきだと唱える人間がいるが、礼賛一辺倒であってはならない。日本には、よいところもあれば悪いところもある。また、古いものがすべてダメで、新しいものがすべてよいということもありえない」というものであるという（望月 2001：77-80）。

　また福澤は、会計学（西洋の簿記）を翻訳し、日本に初めて紹介したとして知られ、1871年に出版されアメリカの商業学校で使われていた「Bryant & Station's Common School Book-keeping」を「張合之法」と翻訳した。福澤は当初 Book-Keeping を「張合」と訳したが、本来のブック・キーピングの発音が当時"ブッキー"と発音されており、やがて"ボッキー"となりその発音から、その後「簿記」という訳語を充てたといわれている。福澤は、「古来、日本では、学者は貧乏で、金持ちは無学である」、「世の中のものごと、全般にわ

たって言えることであるが、不便さを補うためにはどうしたらよいのか、方法を編み出すことは難しい」、「この帳合之法を、あらゆる学校で教科書とし、平民の子弟が学び、あるいは彼らが家に帰って父兄に話すことで、子弟も父兄も、洋学がいかに実践的であるかを知るであろう。そして、安心して学問の道に進むことができるであろう」と述べている。このように、外国の技能を取り込み日本の精神としての咀嚼することで、日本は発展してきたのである。

また、現代社会においては、コミュニケーション能力とネットワーク能力が求められている。同時に異文化コミュニケーションの能力・技術・知識も必要になる。異文化間のコミュニケーションを実現するにはどのような考え方を基本としておくことが必要なのか。多くの意見や理論はあるが、ここではひとつの考え方を紹介する。世界のそれぞれの国あるいは国民が土地・気候・歴史・民族等により多種多様な「価値観」を持っている。この価値観はもちろん各国異なるわけだが、その価値観を共有することにより、その国の風俗・習慣の要素も加わって「常識」が生まれ、さらには、それぞれの国の「文化」が生まれてくる。そのことが長い歴史に基づき、文化としての歴史、価値観をさらに生み出していくのである。文化の発展やその定着に伴い、それぞれの国民は、生き方、日常活動の表現として「行動と言動」を他の国民に示すことになる。

例えば、日本人学生が留学生とお互いの国を認識する際、相手の言動を理解したり、そのことに違和感を感じたり、さまざまな反応が考えられる。本当の意味での「異文化コミュニケーション」の目的を達成するためには、お互いの行動・言動にはじまり、お互いの文化を知ることが大切である。知るだけではなくお互いへの関心からさらに理解することが必要である。さらに、常識を知り理解することでその国の歴史をも知ることになる。最終的には、その国の、価値観に行き着くのである。行動・言動、文化、常識、そして価値観を理解し、お互いを理解したところで、「異文化コミュニケーション」が初めて実現することになる。この段階まで進捗すれば、相手に対する「思いやり」、「優しさ」、「励まし」そして「人間としての本来的な営み」が人間の幅を広げ、想像もしない豊かな人生にめぐりあうことができるのである。

2. 古典的経営論と新古典的経営論

　古典的経営論は 19 世紀末から 20 世紀初頭に構築された。代表的な人物には、科学的管理法のテイラー、管理過程を提唱したファイヨール、官僚組織について論じたマックス・ウェーバーなどがいる。その後、ホーソン実験を行なったメイヨーが登場し、20 世紀中ごろには人間関係論に代表される新古典経営論が広まった。本章では、これらの経営組織論を概観する。

（1）テイラーの科学的管理法

　テイラー（Frederick W. Taylor 1856-1915）は、科学的管理法の父ないしは経営学の父と呼ばれている。テイラーは、アメリカのフィラデルフィアに生まれた。ちなみに、フィラデルフィアには、1731 年に設立されたアメリカで最も古い図書館がある。現在、フリーライブラリーの公共図書館として機能しているが、当初は、フィラデルフィア図書館会社（The library company of Philadelphia）として、ベンジャミン・フランクリンを中心に約 50 名の出資者から始まった会社形式の図書館であった。当時から、経営的な観点を取り入れた図書館でもあった。

　テイラーが科学的管理法を確立したのは、ミッドベール製鉄所の組長になった時である。就任以来彼は、彼の不満であった、組織的怠業の打破に情熱を傾けるのである。工員が一所懸命仕事をしようとしない組織的怠業の原因であった、"時間内に仕事をしすぎると賃金を削られる、時間内に仕事をしないと賃金を減らされる" という労働者側の恐れは、実は、工場長や監督者が自分の勘や経験だけで工員を管理してしまう成り行き管理に影響を受けていた。このことを改善するために、課業管理を仕事の内容と分量を規定することが必要であることにテイラーは気づき、労使双方からの価値観から切り離して仕事の内容と分量を規定する「課業管理」（task management）を導入した。さらに、平均的工員に対しては、所定時間内に完了できる分量を与え、すぐれた工員には、その能力にそくした適当な一日の課業を毎日与えることで、工員自身にも監督者にも最大の満足をもたらすであろうということを理論化し、そのことを実践

した。テイラーは、あくまでも生産現場に関心を向けて経営の改善を行なった。管理原則の実施手段として、第一級の工具の仕事を、動作研究と時間研究を通じて分析して、労働者に適切な仕事を割り当てることに成功した。同時に、課業の完了者と未完了者に異なる賃率を適用する差別的出来高給制度も取り入れることで、労使双方の経営的な安定感をもたらすことができたのである。

（2）アンリ・ファヨールの管理過程

　フランスのアンリ・ファヨール（Henri Fayol, 1841-1925）は、19歳で炭鉱会社に入社し、1888年に47歳で社長になった。ファヨールは、『産業ならびに一般の管理』（1916年刊行）を通じて経営学の基本的理論枠組みを提供した。テイラーは生産現場に関心を向けたが、ファヨールは組織全体の管理に関心を向けた。ファヨールは経営を、技術活動、商業活動、財務活動、保全活動、会計活動、管理活動の6項目について、計画→組織化→命令→調整→統制というプロセス（過程）から成り立つシステムであると提言した。これは、現代でも通用するもので、Plan・Do・See（PDS）あるいはPlan・Do・Check・Action（PDCA）サイクルとして、この考え方は引き継がれている。現代においても、ファヨールの経営学に対する歴史的な貢献として、「経営の概念化」「管理過程の解明」「管理原則の提示」が挙げられ、基礎的概念にもなっている。ファヨールはさらに、管理を実行するために守るべき原則を提示している。特に、管理原則として、「権限と責任は一致すべきである」「命令の統一とは、単独者からの命令を受けるべきである」ということが、組織の管理形態および管理者、監督者の典型的な管理例として提言されている。

（3）マックス・ウェーバーの官僚組織論

　ドイツの社会学・経済学者マックス・ウェーバー（Max Weber, 1864-1920）は、1894年にフライブルク大学で経済学教授となり、1896年からはハイデルベルク大学の教授として教鞭を執った。1904年には「プロテスタンティズムの倫理と資本主義の精神：The Protestant Ethic and the Spirit of Capitalism」を発表している。1919年にはミュンヘン大学の政治経済学教授になり、1920年に没した。

マックス・ウェーバーは、近代的官僚制を概念化したことで知られる。彼は、伝統的支配（伝統の神聖さによる支配）とカリスマ的支配（個人の天賦の才能による支配）が相まって合法的支配という官僚制を成立させたとする。官僚制は非常に高い生産性を示したが、その管理はあまりにも機械的過ぎたため、労働者を画一的に把握していること、能率の理論のみに立脚した機械的な組織理論、管理理論と批判された。著書"Theory of Social and Economic Organization"の中でウェーバーは、カリスマとは、並外れた超自然的・超人間的な資質・能力を持っている人物で、その資質ゆえに普通の人とは区別される人物であるとしていた。これらの資質ゆえにそのリーダーとみなされ、人々が服従しているに過ぎず、カリスマがいなくなればその支配は崩れるため、カリスマ的支配が最も不安定な権威であるとされた。

　また、伝統的な権威は、リーダーのある身分を受け継ぐことによって権威を継承していく。それは、血筋、習慣、先例による。つまり、能力よりも血縁関係であり、今まで同様にやってきた処理方法、実行パターンの継承に過ぎないのである。

　ウェーバーは、官僚制（合法的支配）は、合理的な方針にそって組織された官僚制であれば、職位は階層的に序列が決まっていなければならず、運営は個人的利害のからまない規則になっていなければならないとした。また、スタッフは特定の任務と責任範囲をあらかじめ規定されなければならないし、人材の起用はそのポストのための資格と適性に基づいて運用されなければならない。彼は官僚組織を、上位に集中した権限、明確な職務区分、規則、手続きから、人間の情実を排することで最高の能率を発揮することができる組織と考えた。このウェーバーの古典的組織論に対しては、組織をひとつの機械と考え、労働者を画一的に把握しているのみであり、能率の理論にのみ立脚した機械的な組織理論であるとの批判もあった。

　ウェーバーは、官僚制の合理性を強調したが、一方で、その非効率の問題も指摘している。それは、官僚機構の負の特徴としては、情報処理がいくつかのステップを通るためトップに伝わるまでに情報への対応に時間がかかることがそのひとつである。さらに官僚制度は臨機応変な対応が取りにくい。なぜなら、仕事や業務のルールや手続きは、すべての人々を同じように扱うことを要求さ

れているからである。本来、官僚制では、スタッフはそれぞれの権限が定義された文書に基づいて活動するものの、仕事はあらゆる偶然性にも対応しなければならないが、そのことは一定の制約に基づいていることによって個人個人の個性を無視する仕事に従事しなければならないことになる。

(4) メイヨーの人間関係論

メイヨー (Elton Mayo, 1880-1949) は、オーストラリアのアデレード出身の文明評論家であり、人間関係論学派の創始者でもある。最初は、医学を学ぶが、やがて心理学に転向する。クイーンズランド大学哲学心理学教授になった後、米国のペンシルバニア大学、1926年にハーバード経営大学院に迎えられ、最後はハーバード大学社会心理学教授を務めた。メイヨーは心理学者のレスリスバーガーと共に、ウェスタン・エレクトリック社ホーソン工場（米国で最大の通信機メーカー）で1924-1932年の間に以下のような4つの実験を行なった。

①照明実験：工場の照明の強さと作業効率との関係を調査した。実験群と対照群とに分けての比較実験を行ない、実験群での照明の強さに関係なく、作業能率は次第に向上していった。対照群も同様に作業能率は照明の強さに関係なく作業能率は次第に向上していった。彼は結論として、照明は作業能率に関係なく、照明のような一つの要因を変化させるだけの実験も不可能である、とした。

②リレー組み立て実験：ベルトコンベアーによるリレー組み立て試験室に6人の女性従業員を隔離し作業効率を調査した。そこでは、賃金、休憩時間、軽食、部屋の温度等の労働条件をいろいろ変えたが、生産性は時間の経過にともない上昇傾向が出てきた。これは、6人の女子作業員が、室内の自由な雰囲気の中で互いに関心を寄せ合う社会集団として一体化していったことを示している。

③面接調査：従業員約21,000名を面接して、仕事や作業状況、監督に対する好き嫌いを調査した。従業員が指摘する問題は、彼らの個人的な生活や経歴から切り離されて考慮するべきではないという結論に達した。つまり、従業員の生活全体から理解することが必要であるとことが判明した。

④バンク配線作業実験：バンク（差込電話交換台）配線作業に当たる14名の男子作業員の集団を観察した。集団出来高給制度が適用されているにもかかわ

らず、仕事に精を出しすぎるな、怠けすぎるな、上役に告げ口するな、偉ぶるな、他人のおせっかいをするなといった集団の規範がその行動を支配していることを発見した。

それにより、人間は、論理的・合理的な側面以外に感情的・非合理的な側面を持つという結論に達した。つまり、人間の情感の重要性に気がつくのである。同時に、仕事の遂行とは直接関係のない仲間集団ができあがり、それが労働の生産性に影響することを指摘している。従業員のそれぞれが持っている、趣味趣向の違いによっても非公式的な組織（非公式集団）は構築することができるし、そのことが生産性にも影響することが考えられる。例えば、タスクフォース的な研究会をインフォーマル（非公式）に始めたとき、その生産性に一定の評価があれば、非公式な集団は公式な集団のタスク（業務）として発展していくのである。

現代社会においても、非公式な集団を次の通り組織化することで成功している企業がある。その特徴は、①経営として、非公式な組織の個別目標よりも全体目標への貢献を強調する、②グループごとの意思疎通、相互接触の頻度を増し助け合うグループに報償制度を制度化する、③ローテーション等により各部門で働く機会を設け、全体目標へ共感できるような広い経験を持たせる、の3点である。

メイヨーは、1930年代に「人間関係研究」、1940年代「労務管理」、1950年代「人間関係論」を発表し、その後、メイヨー以外にも人間関係論研究者が増加し、そのことで経営学における人間関係論は大いに発展した。テイラーによって科学的管理法が提唱されて以来、それが経営管理理論の主流だったが、メイヨーらによるこのホーソン実験以来、その中心は人間関係論へと移ったのである。

以上、古典的経営論と新古典経営論の代表的な人物とその理論について紹介した。

3. 図書館史の概略：日本・米国・英国の場合

明治維新後の最初の公共図書館は、明治5（1872）年に文部省が、湯島に博

物局書籍館を開設することに始まったが、この書籍館が、公共図書館の原型といわれている。しかし、厳密に明治期以前の最初の公共図書館といえば、仙台藩藩校・明倫養賢堂から分離独立した仙台医学館構内に、天保2（1831）年に設置された青柳文庫がある。この文庫は、身分に関係なく閲覧・貸出されたという意味では、日本初の公共図書館ともいえる。

　一方米国における初の公共図書館となると、1731年に設置された、ベンジャミン・フランクリンらによる、フィラデルフィア図書館会社である。図書館協会の始まりは、1876年に米国図書館協会が結成されることに始まる。英国では1850年に英国初の公共図書館法が制定され、1877年には図書館協会が設立された。図書館協会の目的は、図書館数の増加にともない、図書館員の連帯と共通問題の討議の場を設けること等であった。日本においては、明治25（1892）年に日本文庫協会が設立された。この協会は、明治41（1908）年に日本図書館協会と改称された。

　日本における図書館に関する歴史を時系列的に概観すると、明治10（1877）年に書籍館であったものから、「図書館」という名称が初めて採用され、東京大学法理文学部図書館という名前が付けられた。明治32（1899）年には、図書館令が公布される。これは日本で最初の図書館に関する法令であったが、図書館令が公布されたときには、すでに44の公共図書館が設置されていた。明治33（1900）年には文部省が「図書館管理法」を刊行し、図書の運営・管理についての一定の規定を定めた。明治36（1903）年に日本文庫協会では、「第一回図書館事項講習会」を開催して、図書館の仕事、運営についての講習会を実施している。これは国民に対して図書館のあり方、意味、必要性を広く説明し始めたことを示している。さらに、明治41（1908）年には、文部省「図書館事項夏期研修会」を実施している。日本ではその後、昭和8（1933）年に図書館令が全面的に改正された（改正図書館令）。[2]

　図書館学校の歴史をみると、米国では、1911年にニューヨーク公共図書館の本館が竣工され、公共図書館のなかにライブラリー・スクールが設立されている。日本では大正7（1918）年に、東京大学の教授で、図書館長でもあった和田萬吉氏が「図書館学」講座を開講している。もちろん、図書館学校ではない。英国では、1919年に初めてのライブラリー・スクールがロンドン大学ユ

ニバーシティ・カレッジに設立された。

　図書館員研修についてみていくと、日本では大正 10（1921）年に、文部省図書館員講習所が開設された。米国では 1923 年、図書館員の研修のために、Training for library service が開設されている。1926 年には、ニューヨーク州立図書館学校と NYPL 図書館学校が改組され、コロンビア大学に School of Library service が設立された。同年、ミシガン大学には Department of Library Science が開設された。また 1928 年には、シカゴ大学に Graduate Library School が設置された。

　次に、戦後の日本における図書館および図書館学の歴史を紹介する。昭和 22（1947）年には帝国図書館を国立図書館と改称、翌昭和 23（1948）年に国立国会図書館法が公布された。昭和 23（1948）年には GHQ 特別顧問でイリノイ大学図書館長のダウンズ氏が来日し、国立国会図書館の図書整理、参考サービス等をダウンズ報告として公表している。昭和 24（1949）年に、国立図書館が国立国会図書館支部上野図書館となる。昭和 25（1950）年図書館法が施行され公共図書館の運営の基本が定まる。昭和 26（1951 年）に慶應義塾大学文学部図書館学科（Japan Library School）が開設された。慶應義塾大学に決定するまでは、東京大学、京都大学等が図書館学校の候補として挙がっていたという。[3]

　その後、昭和 28（1953）年に学校図書館法令が公布され、翌昭和 29（1954）年に文部省学校図書館司書教諭講習規定が公布された。昭和 39（1964）年には図書館短期大学（1981 年閉校）が設置される。昭和 42（1967）年、慶應義塾大学大学院修士課程に図書館・情報学専攻が設置され、昭和 50（1975）年に同大学大学院博士課程が設置された。昭和 54（1979）年には専科大学として図書館情報大学が設立され、昭和 59（1984）年には同大学大学院に修士課程が設置された。昭和 60（1985）年には愛知淑徳大学文学部図書館情報学科設置、平成 2（1990）年に中央大学文学部社会学科情報学コース設置、平成 6（1994）年に駿河台大学文化情報学部が設置された。平成 12（2000）年、図書館情報大学大学院博士課程設置、平成 12（2000）年には、「公立図書館の設置および運営の望ましい基準」が公示され、公共図書館の基盤整備への取り組みが始められ、平成 14（2002）年には、筑波大学と図書館情報大学が統合され、筑波大学図書館情報専門学群が誕生した。

注
1) 望月護『ドラッカーと福澤諭吉』祥伝社、2001 年、p.77-80.
2) 改正図書館令は、昭和 25（1950）年、図書館法の施行にともない廃止された。
3) 日本図書館学校初代校長のギトラー氏による「大学評価基準」より抜粋。慶應義塾大学の図書館学校の初代教授のギトラー氏の「大学評価基準」は以下の通りである。①西洋の考え、思想、教育アプローチに対する包括的な理念、受容がある（→慶應義塾）②他の高等教育機関からの学生の転部の可能性。以前の単位の認定は可能（→慶應義塾）③1952 年以降もスクールを継続意志がある（→慶應義塾）④授業料が安い（→東大、京大）⑤大学事務局がスクールの運営や方針の決定を ALA（米国図書館協会）の代表者に委任することができる（→慶應義塾）⑥学生が学内で働くことを認める（→慶應義塾）⑦図書館蔵書における東洋資料が充実している（→京大）⑧図書館資料における西洋資料が充実している（→京大）⑨図書館蔵書における図書館学が充実している（→東大）⑩奨学金を得られる可能性がある（→東大）⑪CIE との連絡に便利（→東大・慶應義塾）。これらのことに加え、当時すでに英訳されていた福沢諭吉の「福翁自伝」をギドラー氏は熟読し、「図書館学は、慶應義塾の校風の中で育まれる」と述べ慶應義塾大学に設立されることになったという。

第 1 章
図書館経営の基礎知識

1. 図書館経営論の必要性

（1）図書館の経営管理

　図書館の使命・目的とは、知的・文化的な情報資源へのアクセス保証と、それらの将来への継承である。図書館組織の維持や存続、発展をめざす行動が「図書館経営」ということである。図書館経営論では、図書館の望ましい在り方を学ぶだけでなく、社会との繋がりのなかで一つの組織としての図書館の運営を考えることが必要とされている。図書館経営で考慮すべきことは、「システムとしての図書館」「非営利組織としての図書館」「永続組織としての図書館」といわれている。[1]

　実際の図書館の経営管理（マネジメント）とは、次のようになる。図書館員としての「ひと」、情報資源としての「もの」、財政基盤としての「かね」を組み合わせてオペレーション（作業）し、さらに、その目的を達成するために、効率的に運用することをいう。この経営管理サイクル（マネジメント・サイクル）とは、ミッション・マネジメント（マニフェスト）を計画し、組織化し、予算化し、調整し、動機づけをし、実行し、さらに、ベンチマーク（統制）を行ない、一定の結果を得て、さらに評価を加えていく一連の作業である。つまり、Plan, Do, See（PDS）あるいは、Plan, Do, Check, Action（PDCA）である。

（2）経営の対象となる図書館

　経営対象となる図書館とは、「図書館の理念を具体化した目的のもとに、独

立した経営権や管理権のもとで管理・運営されている図書館サービス」[2]が提供されている組織とされる。ただし、多くの図書館は自治体や大学、学校などの組織の管理下にあるため、「図書館設置母体の承認のもとに、図書館業務に関する自主的予算執行権と図書館人事権を確保」[3]している図書館ということになる。これらの独立した経営権・管理権、さらに、予算執行権と人事権については、公共図書館、大学図書館、学校図書館さらに専門図書館でも、実際の運用については困難なところがほとんどである。真に独立した自主的な図書館経営の確立のためには、経営公共図書館は地方自治体、大学図書館は学校法人からの、予算や人事に関する権利の委譲や相互の連携が必要不可欠であろう。

2. 自治体行政と図書館

（1）公共図書館に関する法律

　公共図書館の設置根拠とそれに関する法律は、次のとおりである。社会教育法の第九条において図書館とは、博物館と並んで社会教育のための機関とされており、その社会教育法に基づき「図書館法」が制定されている。社会教育法の精神に基づいて、図書館法総則の第2条には「地方公共団体の設置する図書館を公立図書館といい、日本赤十字社又は一般社団法人若くしは一般財団法人の設置する図書館を私立図書館という」と定められている。国と地方公共団体との間での公共図書館設置の役割分担は、以下のようになっている。国の役割は、地方公共団体に対して、社会教育設置等の財政基盤や各種の情報提供を行なうことである。都道府県の役割は、広域地方公共団体として都道府県の社会教育水準の向上を図るため、管内の教育機関の管理・運営の基本的な事項について必要な基準を定めることである。市町村の役割は、学級・講座・集会を開催および奨励し、社会教育資料を配布し設備・器材を提供することである。

　社会教育法の第五条には、市町村の教育委員会は、社会教育に関して当該の地方の必要に応じて、社会教育に必要な援助を行なうことが定められている。また、第五条の四には、所管に属する図書館、博物館等の施設の設置・管理が明示されており、第六条には、都道府県の教育委員会の事務として、第六条の一で、公民館および図書館の設置および管理に関して必要な指導および調査を

行なうことが明示されている。

（2）公共図書館の予算・職員・組織
地方自治体の予算の決定まで

　地方自治体の予算は、4月1日に始まり、翌年の3月末日に終了する会計年度内の歳入、歳出をもって構成される。この予算の編成と執行は、地方税といわれる一般財源と必要に応じて地方債や国の補助金である地方交付税の措置を受けることができる。さらに基本財政収入額が、基準財政需要額に満たない地方自治体は国からの地方交付税を受けることができる。国は、国税としての、所得税、法人税、酒税、消費税、タバコ税等から国の歳入の一定の割合を地方公共団体に地方交付税として交付することになる。

　当該年度の歳入状況をもとに次年度の予算編成方針が決定され、決定された予算方針が教育委員会事務局を経て、図書館に提示されると予算編成作業が始まる。図書館予算の流れとしては、長期・短期計画に基づく施策を策定し、教育委員会が見積もった歳入の見通しに基づき、予算編成方針を決めていく。図書館内では、方針に基づき作業を開始し、教育委員会に予算要求書を提出し、教育委員会がそれを受理し、調査・査定したものが、再び図書館に内示される。図書館は再調整した後、教育員会に査定を求め予算案の決定を求める。決定された予算案は、議会に提出され、審査され議決される。その段階で予算確定となる。

地方行財政と公共図書館──米国と日本の場合

　現在の米国の地方行財政と日本の地方行財政について紹介する。2009年度の米国各州は、その歳入不足に悩んでいる。連邦政府の財政支援が少ない現在、各州は自主財源を再構築しなければならない。歳入不足に対応するための手段としては、①増税、②歳出削減（経費削減）、③歳入超過の際の基金の取り崩し、の3つが挙げられる。米国の州の歳入不足額（連邦政府、市民税、市民法人税不足）は次のとおりである。州ごとの差が激しいが、2009年度の実態を紹介すると、①カリフォルニア州137億ドル（約1兆円）②イリノイ州42億ドル（約3,400億円）③ニュージャージー州38億ドル（約3000億円）④マサチューセッ

ツ州22億ドル（約1800億円）⑤フロリダ州21億ドル（約1700億円）⑥ノースカロライナ州20億ドル（約1600億円）⑦メリーランド州7億ドル（約560億円）⑧ニューメキシコ州5億ドル（約400億円）⑨ロードアイランド4億ドル（約320億円）となっており、その額は膨大なものとなっている。これらの経費削減の対応策として、カリフォルニア州のサンフランシスコは、刑務所を売却することで経費削減と収入の確保を行なった。ニューヨーク州とミシガン州は、刑務所を閉鎖することで経費削減を実施した。ロードアイランド州は、州の職員2,000人を削減し、ノースカロライナ州は初中等教育に対して、学校の1クラスごとの定員を2名増やすことで教室数を削減、このことで結果的に6,000人の教員を削減することに踏み切った。さらにニューメキシコ州では、死刑は訴訟が長引き費用負担が大きいということから、死刑制度を廃止した。メリーランド州では、一人の死刑執行まで300万ドル（約3億円）経費がかかり、このことは終身刑の3倍の経費になるという判断から、死刑を廃止した。米国の地方財政の厳しさから苦肉の策を次々と打ち出している。

　日本における地方財政についての一例を紹介する。この事例は、景気の後退にともない、図書館建築の延期に陥ったものである。例えば、福岡県の宮若市は、2009年度の事業計画として、生涯学習施設として14億円の予算で図書館建設を考え、さらに、コミュニティセンター建設に7億円を投資する予定であった。ところが宮若市にはトヨタ自動車の九州工場があり、トヨタの法人市民税に大きく依存している。一企業の景気つまり収益が、直に自治体の法人市民税に影響してくるのである。因みに、トヨタのそれは2007年度13億6千万円であったが、2008年度には6億7千万円と半減した。さらに2009年度には赤字に転落し、税額は300万円に激減したのである。宮若市の一般会計予算は2008年度154億5千万であったが、2009年度には140億円と、10億円減少したのである。このことで、当面、図書館とコミュニティセンターの建設が見送りになった。図書館経営として、市民が楽しみにしていた生涯学習施設、市民のコミュニティをより潤滑にするための施設の見送りはやはり心痛むものである。生涯教育としての図書館の社会的役割とその機能を、その経営・経費だけの理由で判断されてはならない。図書館建設の目的、目標、役割を考えたとき、決して中止してはならない事業である。「金がないから、仕方がない」。このこ

とが通用するのであれば、もともとその事業はないことに等しい。もちろん、法人市民税収入が大きく影響するのは事実であるが、企業の景気がいつも右肩上がりとは限らない現在、地方税、地方交付税等の税収に頼れないとすれば、市民が自ら自分たちのコミュニティを守るために、予算執行のための事業仕分けを市に対して要望したり、あるいは、図書館設立のために市民がキャンペーン運動を実施したりするなどの、地域の発展のための行動を起こすことが求められる。

　ちなみに、法人実効税率の各国比較を挙げておく。日本40.7％、フランス33.3％、ドイツ29.4％、イギリス28％、中国25％、韓国24.2％、シンガポール17％である（2011年1月現在）。アメリカは州ごとに異なるが、一番高いのは、カリフォルニア州の40.6％、一番低いのがネバダ州の35％である。日本の法人実効税率は世界でもアメリカの一部の州に並んで断然高い。

日本の公共図書館の職員数と組織

　日本の公共図書館の職員については、平成12（2000）年の職員定数の数値目標を人口と冊数ごとに掲げる。人口6,500人の場合、冊数5万3,067冊、職員数5（3）名（カッコ内は司書）。人口1万7,900人の場合、冊数9万3,373冊、職員8（4）名。人口4万9,800人の場合、冊数21万3,984冊、職員数19（11）名。人口14万800人の場合、冊数54万7,353冊、職員数53（25）名。人口40万3,700人の場合、冊数85万812冊、98（58）名である。

　公共図書館の組織については、その典型例を埼玉県と千葉県を例に掲げる。

　埼玉県立図書館は3館あるが、そのうち浦和図書館は、館長1名、副館長2名がおり、総務、企画システム管理、資料管理、参考調査の4つのグループ計41名で構成されている（平成22年4月1日現在）[4]。千葉県立図書館も3館あるが、そのうち中央図書館では、館長1名、主査1名、庶務課、資料課、調査課、館内奉仕課、館外奉仕課に計40名の職員を配置している。（平成22年度4月現在）[5]。

　公共図書館の特徴のひとつとして、図書館協議会がある。図書館法14条2に「図書館協議会は、図書館の運営に関し館長の諮問に応ずるとともに、図書館の行う図書館奉仕につき、館長に対して意見を述べる機関とする」と規定さ

れている。図書館協議会は、館長からの経営・運用・事業計画等の運営について諮問する組織として設置されている。委員は、学校の代表者、社会教育関係団体代表者、社会教育委員、学識経験者、公民館運営審議会委員の5分野から各々2名を代表者として10名で構成されている。最近では、司書資格のある図書館長も少し増えてはいるが、図書館協議会を設置していない図書館の増加は好ましくない。

(3) 公共図書館の設置率・資料費

2010年の公共図書館の設置率は、47の都道府県の自治体は、図書館数62館で100%、796の市区は、図書館数2,526館で98.4%、501の町村は、図書館数587で53.2%である(『日本の図書館』2010年版)。私立図書館は、20館ある。2010年現在、図書館の全体の数は、3,196館であり、1967年697館、1977年1,026館、1993年2,024館、1998年2,434館、2003年2,672館と少しずつ増加している。蔵書冊数統計は、都道府県立で、蔵書冊数42,128千冊、市区立で、306,711千冊、町村立で、42,483千冊、私立で、1,853千冊、冊数全体の合計で、393,292千冊である。年間の受入冊数、都道府県立で1,244千冊、市区立で14,980千冊、町村立で、1,849千冊、私立で18千冊、年間受入冊数の合計が18,095千冊である。来館者数は、都道府県立が19,584千人、市区立が248,276千人、町村立が22,158千人、私立が111千人、合計で290,078千人である。

経常経費については、都道府県立が103億円、市区立が982億円、町村立が98億円、私立が2億円で、合計1,187億円である。うち、資料費(図書費)は、都道府県立で28(22)億円、市区立で249(184)億円、町村立で28(22)億円で、合計307(229)億円である。

市町村立図書館の個人貸出と蔵書回転率を年間ごとに追っていくと、個人貸出(回転率)は、1967年は922万点(0.64)で、1977年は8,432万点(2.23)、1993年は32,083万点(1.90)、1998年は43,964万点(1.92)、2003年は55,464万点(1.95)で、2009年は67,222万点(2.07)である。何年蔵書数も個人貸出も増加し、その結果、蔵書回転率が2.07になったということは、費用対効果が非常に上がっている結果となっている。ちなみに、図書館員数は全体で、14,070人である。

しかしながら、資料費は少しずつ削減状況にある。2000年と2005年で比較すると、公共図書館全体では13％減の321億円である。都道府県立だけの数字を見ると、2000年の5,727億円に対して2005年5,250億円となり8％減となっている。予算はどこの地方公共団体も厳しくなっており、どのように財源基盤（収入の増加と資質の仕分け）を作っていくのかについては、組織づくりの大きな岐路であることは確かである。

（4）公共図書館の今後の方向性

国、地域からの財源の支援が低下するなかで、図書館業務の外部委託問題がクローズアップされている。「公共図書館等の設計、建設、維持管理・運営を民間の資金、経営能力および技術的能力を活用して行なう新しい公共事業の手法」が1981年のPFI促進法として法制化された。さらに、「法人その他の団体であって、当該普通地方公共団体が指定するもの（指定管理者）」に対して、民間営利団体企業がNPOの図書館の管理を代行させることが可能になった。もちろん、賛否両論あるが、ひとつの方向性を示していることも事実である。米国図書館協会は、業務委託については、指定管理者制度も含めて営利企業が担うことについて、下記のようなスタンスで取り組んでいる。

これからの公共図書館の発展を考えたとき、住民参加が必須である。精神的にも経済的にも物理的にもそのパワーに期待するべきである。ボランティア活動で人気があり、公民館24万9,604人に次いで、図書館には9万8,431人のボランティアが働いている。[6) 住民との協力を基盤にサービスの向上をめざしていかなければならない。

米国図書館協会においては、図書館サービスのアウトソーシングに対して反対しているが、その危機感はあくまで営利企業が公共サービスを担うことに対するものであり、非営利団体が市民活動として公共図書館を運営することに反対しているのではないのである。むしろ、図書館に対しては必ずしもプロフェッショナルではなく、アマチュアの図書館員の人々が、公務員以上に地域の公共図書館に対して、かかわりを持つことを促進している。そのための責任と義務は、①優秀な図書館長の採用、②公共図書館の方針の作成、③公費等の予算不足に対して、資金調達をすることで運用資金を補填すること、④図書館がよ

り情報を吸収するためのアンテナを設置すること、⑤多くの市民に対して情報を提供すること、つまり広報活動を幅広く実施することの5つである。

　日本における図書館の指定管理者として活動している企業（会社）でさえも、自社だけでは指定管理者として経営・運営することは無理であると感じており、NPOや市民団体からも指定管理者として受け入れるリンケージが大事であるという姿勢を見せ始めている。つまり、営利団体の導入による指定管理者制度に反対することではなくて、市民の、市民による、市民のための図書館運営を、市民自らの手で担える機会を与えることにある。

（5）アメリカの公共図書館

　アメリカの公共図書館数は、2001年データでは、9,129館（州立を除く）である。[7] その内訳は、地方自治体4,993館、郡・行政区976館、市・郡90館、総合司法区域492館、非営利団体1,359館、学校区775館、その他135館である。

　個々の公共図書館の使命について、利用者数ごとに例示してみよう。①5万人以下（カムデン図書館、メイン州）：カムデン図書館は、地域の文化的・知的センターである。フレンドリーな雰囲気のなかで、印刷体、電子的な資源、文化活動、プログラム、サービスをつうじた知識と生涯教育のために、ユニバーサル・サービスを提供する。また、教育、情報、レクレーション等の地域のニーズに貢献するために、他の地域団体に協力する。②5万人から10万人（ニュートン郡図書館、ジョージア州）：ニュートン郡図書館は、子どもから成人まで、地域住民の情報、教育、レクレーション、文化的ニーズに応えるため、資料とサービスを提供する。読書と学習を奨励するために、多様な資料をそろえる。③10万人から25万人（ガリー市公共図書館、カリフォルニア州）：ガリー市公共図書館は（中略）、地域の変化するニーズと関心に対応する。また、地域、地方、国の情報資源へのコンタクト・ポイントを提供する。④50万人以上（シカゴ公共図書館、イリノイ州）：私たちはすべての人々の読書の楽しみと生涯学習の継続を歓迎し、支援する。共に協力し、情報への平等なアクセス、本をつうじたアイディアと知識、プログラムその他情報資源を提供することに努める。私たちは、読書、学習、発見の自由を信じている。

　連邦政府による2005年度の図書館事業に関する予算額は[8]、2億595万ドル

（日本円で 222 億 8,173 万円）である。その内訳は、州への定額補助金が 78.0％、ネイティブ・アメリカンへの図書館サービスが 1.7％、全国リーダーシップ補助金 6.0％、21 世紀の図書館員の強化 11.1％、管理運営経費 3.2％である。

公共図書館総運営予算は[9]、全国で 82 億 2,261 万 9,000 ドル（9,992 億 9,489 円）である。資金源の内訳は、連邦 4,725 万 5,000 ドル（0.6％）、州 10 億 4,676 万 6,000 ドル（12.7％）、地方 63 億 5,508 万 9,000 ドル（77.3％）、その他 7 億 7,350 万 9,000 ドル（9.4％）である。全国の図書館数（9,129 館）で平均すると、1 館当たりの予算額は、約 90 万ドル（1 億 938 万円）、国民一人当たりにすると、約 30 ドル（3,646 円）となる。その内訳は、連邦 0.6％、州 12.7％、地方 77.3％、その他 9.4％である（日本円換算は 2004 年平均の 1 ドル＝ 108.19 円で算出）。

米国公共図書館の蔵書総数は 7 億 6,705 万 5,000 冊である。1 館当たりの図書資料は、8 万 4024 千冊になる。サービス人口規模ごとに分けると、5,000 人未満の公共図書館（3,967 館）では蔵書数 25,000 冊未満が多く、5,000 人以上 25,000 人未満の公共図書館（3,210 館）では 25,000 〜 10 万冊が多い。また、25,000 人以上 25 万人未満の公共図書館（1,781 館）では蔵書数 5 万〜 50 万冊が多く、25 万人以上 50 万人未満の公共図書館（95 館）の 52.6％は 50 万〜 100 万冊、50 万人以上の公共図書館（76 館）では、半数以上が 100 万冊以上の蔵書を持っている。

米国公共図書館のサービスの意義は、図書館の多文化サービスの根底に流れる理念として以下のことが挙げられている[10]。①すべての住民に対して公平で平等な図書館サービスが提供されるべきであるということ。②マイノリティ住民が自らの言語、文化を維持・継承し、発展させる権利を保障するためのひとつの機関として図書館は位置づけられるということ。③多文化、多民族共生社会におけるマイノリティ、マジョリティ住民の相互理解を促進するために図書館は住民を援助することができるということ。

①については、まず図書館の多文化サービスのひとつとしての有力根拠に、「外国人もまた納税者である」という視点が挙げられる税金によって成り立つ公共図書館は納税者の必要に基づくべきであり、そこに現在の公共図書館のひとつの存在理由があるということである。だとすれば、納税者である在住外国人にも、また公共図書館の利用の便が図られなければならず、これは、恩恵ではなく、正当な権利として享受されるべきものである、というのがその主張で

ある。②については、国際的な条約等においてはマイノリティ住民の文化、言語の維持、発展に関する権利が認められるようになってきている。現在の日本では、マイノリティ住民のこうした権利を明記した法律はまだ見受けられないが、外国語資料や、外国人向けの日本語資料を充実させる図書館も増えてきている。③については、マイノリティ住民はマジョリティ住民によって差別され迫害を受ける傾向が、国を問わずに存在するという厳しい現実を認識することが必要である。これはマイノリティ住民側の問題ではなく、差別、迫害を行なうマジョリティ側の問題であり、マジョリティ住民が変わらなければこの現実は解消されない。異文化理解はまずマジョリティにこそ必要とされるのである。

　この内容に関する図書館サービスの歴史をまとめたものとしては、S. スターン氏が次のように述べている。「図書館はアメリカ人がコミュニティ、親密性、価値の感覚の強化を望む際、頼りにする生活の糧のひとつである。移民の共感の感覚を提供し、偏見を排除し、マイノリティ住民の自己決定を援助し、マイノリティ集団どうしのあるいはマイノリティとマジョリティの間のより多大な協力を推し進めることにより、図書館はアメリカ合衆国おける多元主義の重要なセンターとしての役割を強化しつつある」。[11]

　子どもの読書活動や読書指導の状況については、児童資料の貸出しは、6億5,390万件あり、児童プログラムへの参加者数は、5,180万人が参加している。例えば、サンフランシスコ公共図書館で実施している児童向けプログラムには以下のようなものがあるという。幼児や小学校低学年の児童をひざに乗せ、本を読んであげるサービス、みんなで楽しむいろいろな国のお祭り、児童の作品・図画・ブックマークなどのコンテスト、ビデオ・ショウ、人形劇、チェストーナメント、PTAとの集い、学校の先生とのお茶の会等である。

　アメリカ公共図書館の図書館職員の状況は、公共図書館9,129館のうち総専任職員数は、13万3,455人である（2001年現在）[12]。その内訳は、司書が4万4,427人（33.3％）、他職員が8万9,028人（66.7％）である。司書のうちの3万93人は、アメリカ図書館協会認定のALA-MLS図書館修士（Master of Library Science）出身のプロフェッショナル・ライブラリアンである。ALA-MLS有資格者をおく図書館は4,072館であり、全体の44.6％である。ALA-MLS有資格者率は、司書のうちの67％以上を占め、総職員に占める有資格率は22.5％で

ある。州図書館についてみてみると、50州およびコロンビア自治区の州立図書館職員数は、3,689人である。男女比は、男性30.3％、女子69.7％である。ALA-MLSの有資格率は30.7％になる。

初任給について、北東部の図書館に限定してみると、平均値が月額38.394ドル（最高75,000、最低21,500）である（2002年）。カリフォルニア州の職業別初任給比較（月額）をすると、医師（1ドル100円換算：44.9万円）、弁護士（34.2万円）、心理学者（29.9万円）、薬剤師（29.8万円）、警察官（24.6万円）、消防士（24.1万円）、正看護師（23.9万円）、ソーシャルワーカー（22.6万円）、ライブラリアン（21.5万円）である。

最後に図書館友の会について紹介しておく。アメリカには、米国図書館友の会（Friends of Libraries U.S.A.：FOLUSA）がある。全国的な組織であり、1979年に各公共図書館員を支えている友の会が結集したものである。コロラド、アーカンソー、イリノイ等、州レベルの全米規模で約40近い友の会が存在する。

ここでサンフランシスコ公共図書館友の会について紹介する。1961年に図書館で行なうプログラムや財政を援助し、図書館に対する公共支援を確立することを目標として設立された。

同公共図書館友の会の目標および方針は以下のとおりである[13]。
・図書館のプログラムに対して、市民活動を通じて後援し、援助する。
・図書館の存在を地域の人々にアピールする。
・図書館の贈与、寄付等を奨励する。
・図書館の基本予算ではまかなえないもののうち、必要なものを財政的に供給するように働きかける。
・図書館と地域住民とのふれあいを高めるプログラムを企画する""図書館活動を広範囲にしていくことへの理解を求める企画を立案する。
・機能的な図書館建設への運動を展開する。
・地域文化を盛り込んだプログラムを後援する。
・地域のさまざまな公共的活動に参加する。
・図書館が、その地域の教育、すなわち識字教育、生涯学習等の援助をしていることへの理解を深める。
・理事長幹部会議を再編成し、月例定例会を躍進の場にすること。また、よ

り多くの友の会メンバーを募ること。
- ますます拡大するサンフランシスコの、さまざまな人種グループのニーズに合うような資料を提供するよう努めること。
- 友の会予算委員会は、図書館により多くの財源をもたらすような新しい方法を考えると同時に、予算増額ができるように市民と政府に働きかける。
- 法人、会社、専門家のメンバーを増やすこと。
- サンフランシスコ公共図書館が、この町の文化的生活の中心となるよう、その価値を高めさせ、文化センター的イメージをもたせること。

以上が、この友の会の目標および方針に記されている。

(6) 英国の公共図書館

英国では、1850年に公立図書館法 (Public Libraries Act 1850) が成立し、そのもとで労働者の教育水準向上を目的として公共図書館が設置された。1919年には公立図書館法 (Public Libraries Act 1850) が定められ、カウンティ (県) が図書館を設置することができるようになった。1930年代にはロンドン以外のイングランドとウェールズを8つのブロックに分割し相互貸借体制も作られていく。イングランド地方とウェールズ地方では、1964年に公立図書館・博物館法 (Public Libraries and Museums Act 1964) が定められ、図書館を設置する権限が、カウンティ (県)、ロンドン特別区 (Borough)、大都市ディストリクト (Metropolitan District) および人口4万人以上のディストリクトに限定された。[14] 1970年代後半には、コミュニティ・ライブラリアンシップと呼ばれる考え方により、身体障害者、少数民族、読み書き・計算の資料を収集し始めた。最近では、オープンラーニング (Open & Flexible Learning) などで教育における図書館の役割を広げている。[15]

英国の人口は約6000万人で、2002年度の統計では4,170館の公共図書館が設置されている（イングランド地方3,146館、ウェールズ地方314館、スコットランド地方561館、北部アイルランド地方149館の4地域合計）。2002年度統計で週30時間以上開館の図書館数は、2,280館である。ちなみに、2004年度統計の週30時間以上の開館の図書館数は、2,448館（4地域合計）と増加している。資料購入費が合計約1億2,163万ポンド（イングランド地方1億118万ポンド、ウ

ェールズ地方551万ポンド、スコットランド地方1,237万ポンド、北アイルランド地方257万ポンドの4地域合計）、所蔵冊数が約1億1,607万冊（イングランド地方9,243万3,954冊、ウェールズ地方676万4,984冊、スコットランド317万579冊、北アイルランド370万4,117冊）、年間の利用者数は3億1,815万人（イングランド地方2億7,077万人、ウェールズ地方1,207万人、スコットランド地方2,881万人、北アイルランド650万人の4地域合計）、貸出数は3億4,092万7千冊である。公共図書館の人口一人当たりの貸出冊数は、1980年代、11.78冊、1990年代9.81冊、2000年6.79冊、2004年度5.72冊となり、貸出冊数は1980年代をピークに減少している。一人当たりの年間来館数は、英国全体で5.4回（イングランド地方5.5回、ウェールズ地方4.1回、スコットランド地方5.7回、北アイルランド地方3.8回の4地域合計）である。日本では、公共図書館の貸出数は年々増加している。文部科学省の発表によると、2004年度は大人18.2冊、小学生33.0冊であったが、2009年度は、大人18.6冊、小学生35.9冊と増えている。

　ITサービスについては、市民がインターネットを利用できる環境を整えるために、2004年には、3,911台のインターネット端末が配備され市民に公開されている。英国では本の貸出や質問回答を除いて、予約や視聴覚資料の貸出などの多くのサービスが有料であるが、図書館のパソコンの利用は無料で提供されている。図書の貸出は減少しているが、ITサービスの導入により利用者のインターネット端末を用意することで、ITサービスが公共図書館サービスとして定着している。

　英国南東部のノーフォーク・ノーリッジ・ミレニアム図書館では、全面ガラス張りの建物が建設され、4階までが吹き抜けの大きな広場を設置した。図書館のほかに、レストラン、観光案内所、ラジオ局、ノーリッジの歴史を紹介する映像アトラクション、マルチメディア作品の製作スタジオを設置している。タワーハムレットのアイディア・ストアーがあり、図書館臭さからの脱皮のため、図書館からアイディア・ストアーという名称に変わっている。入口を入ってすぐには明るいカフェがあり、書籍の代わりにパソコンの台数を増やし、さらに今まで設置していなかった、トイレも新たに設置している。

　職員にも図書館司書の資格を持ち大学院レベルの専門教育と実務経験があることを求めていたが、アイディア・ストアーでは、司書資格というよりもフレ

ンドリーさを重視して採用されている。

注
1） 高山正也ほか『図書館経営論』樹村房、1997、p.2-3。
2） 高山正也ほか『図書館概論』雄山閣出版、1992、p.16-17。
3） 同上書、p.88-89。
4） 埼玉県立図書館平成22年度要覧「職員構成」[https://www.lib.pref.saitama.jp/stplib_doc/kikaku/yoran/yoran22/25shokuin.pdf] より。(最終アクセス　2011.10.1)
5） 千葉県立図書館要覧（平成22年度1）[http://www.library.pref.chiba.lg.jp/10report/central/H22youran-1.pdf] より。(最終アクセス　2011.10.1)
6） 2008年度社会教育調査結果報告。
7） 文部科学省ホームページ「諸外国の公共図書館に関する調査報告書」「アメリカの公共図書館」[http://www.mext.go.jp/a menu/shougai/tosho/houkoku/06082211.htm] より。(最終アクセス　2011.10.1)
8） 同上、p.160。

連邦政府の図書館関係予算額（単位：千ドル）		
区分	金額	割合（％）
州への定額補助金	160,704	78.0
ネイティブ・アメリカンへの図書館サービス	3,472	1.7
全国リーダーシップ補助金	12,301	6.0
21世紀の図書館員の強化	22,816	11.1
管理運営経費	6,658	3.2
総額	205,951	100.0

9） 同上、p.162。
10） 同上、p.168。
11） 同上、p.169。
12） 同上、p.170。
13） 同上、p.175。
14） 同上、「UKの公共図書館」
15） 英国の公立図書館 [http://www.clairs.or.jp/j/forum/c-report] p.8。(最終アクセス　2011.10.1)

第2章
図書館経営の基本原則

1. 図書館サービスの実際

（1）図書館経営の理念

　図書館経営の理念として最も重要なのは、図書館は利用者のためのものであるということである。図書館あるいは図書館員の都合でサービスの構築をしないこと、あくまで利用者の利用上の便宜を最優先することである。

　例えば約30年前に、ある私立大学ではキャンパス内に新図書館を建設したが、当初の計画では、学生や教職員等の利用者の入口は、教室棟からもっとも遠い位置であった。しかしそれは地下1階で、利用者にとってはアクセスには不便な場所であった。一等地である1階の入口は、図書館員の業務や、書店を中心とする業者が入館するために便利な場所として設定されていた。結果的には、最初の場所から図書館の入口が変更され、学生・教職員からもっとも使いやすい1階の入口が、利用者用の入口になった。利用者から分かりやすく、入館しやすい場所を提供することが、利用者サービスの第一歩である。図書館員や仕事の都合を優先した入口構想は逆転し、利用者にとって便利な入口が実現したこともあり、毎日、キャンパス全体の学生の約50％が利用する図書館となった。

　残念ながら、サービスを受ける利用者よりも図書館の業務の便宜（都合）を優先させ、平気で利用者をたらい回しにするような図書館もある。サービスの集中管理をすることで、あるいは、図書館（員）が工夫することで、いくらでもそのサービスは向上させることができる。貸出期間、貸出冊数も利用者のニ

ーズに配慮しながら決めることがサービスにおける原点である。

　返却の際の図書延滞の罰則問題もある。大学図書館の多くは、延滞罰則として、延滞期間を貸出禁止にしているところがほとんどである。1980年代に、図書館業務にコンピュータが導入されるまでは、すべて延滞料を徴収していた。ところが、コンピュータを導入すると同時に、一斉に貸出禁止の罰則に代えた。現在の図書館の最大のサービスは何かといえば、図書の館外貸出サービスだと考えられる。その利用者に対する最大のサービスをたとえ一日であっても延滞罰則として貸出禁止とするのは、図書館の政策的判断が必要となる。他方、延滞罰則を延滞料とすると、延滞料を支払えば、その段階で、利用者は貸出を受けられる、という方法もある。つまり、館外貸出という利用者への便宜を図ることができる。なぜ、コンピュータの導入と同時に延滞罰則を貸出禁止にするのかという理由は、延滞料を徴収するより貸出禁止のほうが閲覧カウンターの業務が楽だからである。

　利用者サービスの面から、貸出停止のデメリットを考えてみる。もし、持ち込み可の試験があると想定してみよう。利用者はどうしても、ある本の貸出しを受けたい。延滞したため、貸出禁止になった。貸出しを受けたい。どうしても貸出しを受けたい。利用者はどうするか。"コピーをしたいが、お金も時間もない。自分の代わりに友達に本を貸出してもらう。必要な図書を切り抜く。あるいは持ち出す。"これらのことを利用者が考えるとすると、図書館における犯罪行為であり、貸出禁止を罰則にすることにより、図書館側が犯罪行為を促進してしまうことになる。そのことを見逃すことは図書館としてはできない。罰則が延滞料であるとどうなるか。"利用者は支払った瞬間から貸出しを受けることができる。その意味では、前例の持込み可の図書については、図書館内での犯罪の発生率は少なくなるであろう。図書館側の仕事からすると、もちろん、カウンターでの延滞料徴収の仕事は大変であるが、雑収入としての収益は上がる。ある大学の事例では、残念なことではあるが、年間、1千万円を超える収入が上がる。その財源で延滞防止策として、返却日の1～2日前あたりに返却日を連絡している。つまり通信費として延滞料収入を利用しているのである。また、延滞料を取るための確認として必ず図書の返却期限（デートデュー）を開くことになる。その結果として、その図書が返却の際、何回貸出があった

かをビジブルに確認することができる。貸出回数が多いものであれば、その図書の返却段階で重複購入することもできる。このように、図書館の運営方法によって、利用者のサービス向上にもつなげることになる。ある意味では、延滞本の延滞料罰則か貸出禁止罰則かは、利用者サービスの根幹でもある。図書館の経営理念に基づき、利用者のための図書館の運営体制のフィロソフィに基づく管理・運営面も考慮しながら決断することになる。

（2）図書館経営の要となるサービスの先取り

　図書館経営の基本は、サービスの先取りである。現在では、非営利組織もマーケティングが必要な時代である。しかも、後追いするようなマーケティングでは利用者優先のサービスは成立しない。実際の例をアーカイブスの購入について紹介する。ある私立大学で、日本で初めてグーテンベルク42行聖書を購入した。1450年にドイツのマインツでグーテンベルクの手によって西洋で初めて活版印刷が発明された。当初280部印刷されたものも、現在、全世界で40部くらいしか残っていない。ドイツ、イギリス、アメリカを中心にその残部はあるが、東洋はもちろん日本にも一冊も所蔵していなかった。日本のある業者がイギリスで購入し、その大学にその購入についての打診があり、大学内部での議論のあと、一冊約8億で購入した。それは、あるひとつのキャンパスでの年間図書予算に匹敵する金額であった。なぜ、ひとつの私立大学図書館が購入したのか。図書館の評価として何を持っているかが大事なもののひとつであることは間違いない。グーテンベルク聖書の購入による、書誌的な活版印刷の歴史的な背景、さらに1450年から1500年までのインキュナブラ（西欧で作られた初期の活字印刷物）の発展等の蔵書としての知識の体系化、文明の継承として保存していくことは、図書館の社会的な意義、知的生産支援としての重要性を意味するものである。特に出版の起源から情報の流布等の動きについては、その情報を供給することが需要を生じることになる。

　アーカイブスの発見によって、今までの歴史的通説が変わる可能性も出てきている。従来マタイの福音書では、ユダは金目当てで、祭司長たちにイエスの引渡しを銀貨30枚で約束していたという。ヨハネによる福音書では、イエスの足に香油を塗ったマリアを非難し、また会計上の不正をしていたといわれて

いる。マルコの福音書では、ユダはイエスに生まれなかったほうがよかったといわれている。米国の科学教育団体のナショナル・ジオグラフィック協会は、ユダの福音書を解読したと発表した。この福音書は、3～4世紀の写本で1970年に発見され、修復および内容分析がなされていた。この13枚のパピルスに書かれた福音書では「お前は真の私を包むこの肉体を犠牲として、すべての弟子たちを超える存在になる」と自ら官憲に引き渡すように指示している。もしこのことが真実ならば、裏切り者の代名詞になっていたユダが、実は一番の弟子ということになる。学説が大きく変わる可能性もあり、このアーカイブスに基づく研究材料を提供することも図書館のサービスの先取りのひとつである。

　細菌兵器開発のために人体実験を繰り返したとされる旧関東軍防疫給水部（731部隊）の部隊長の石井四郎氏の未公開ノートが2003年に発見された。石井氏は、戦後GHQに資料を提供することで、1947年ごろに戦犯を逃れたということになっているが、そのノートによると、1945年にはGHQの一部の将校とすでに裏取引をしていることがわかる記載がある。この種のアーカイブスは、書店から持ち込まれることもあるし、偶然店頭で目にすることもある。貴重なアーカイブスの整備は、図書館サービスの先取りであることは間違いのないことである。

　以上の例のように歴史的価値の高い資料、アーカイブスを発見し、情報を提供することで、あらゆるカスタマーやユーザーの研究・教育・情報収集に対するさらなる需要が生じてくる。サービスの先取りという意味での重要なアーカイブスの整備と情報提供は図書館経営の基本となる。

（3）サービス提供への課金

　紙媒体から電子媒体に激しく変化している現代において、その提供サービスのスタンスも変わってくる。例えば、大学図書館の一例を紹介すると、紙媒体の場合は卒業後であっても雑誌をコピーすることができ、電子媒体になることでそのことが不可能になっている。大学図書館は、現在、電子ジャーナル、データベース等の購入方法は、アカデミックプライスという価格で購入しており、大学の構成員にのみアカウントが許可され、卒業生はアカウントが持てないことになっている。紙の時代にはコピーで入手できたのに、電子になるとコピー

できないというのが現状である。そのための解決策として、受益者負担の考え方にその妥当性がある。卒業生を中心としたアカウントを持てない外部利用者に全員に、今までのコピー代金の代わりとしての利用料として、一般のプライスで購入するためのデータベース料の一部負担をしてもらい、購入できれば、アカウントの問題もなく多くの利用者にサービスを提供することが可能になる。

　図書館法にあるとおり、公共図書館はいっさい利用料を徴収しない。大学図書館は、「受益者負担」の考え方で、多くの利用者にサービスを提供するべきであろうし、もともと財源のない各種図書館においては、図書館経営の財政基盤の確立を考える必要性が生じている。

（4）図書館経営の費用対効果と費用対便益

　企業あるいは営利組織においては、費用対効果の理念はとても重要なことである。同時に、非営利組織や図書館もその経営には重要なことではある。しかし、図書館経営には、同時に、大事な事業として、知の体系化、学説史の体系化という蔵書構築や、そのことに基づく知的生産、文明の継承もある。図書費の削減、図書館員の削減等の経営的なことに経営が集約化されると、本来の図書館機能が果たせなくなる。費用対効果だけでなく、非営利組織としての図書館は、費用対便益という考え方も重要である。人類の歴史、将来に向けた資料を収集、研究、管理し、利用者提供サービスするため、コストがどんなにかかっても予算をつぎ込み、利用者へのベネフィットを確保しさらに向上させるために、財政基盤整備と予算見直し（仕分け）による、効果的な費用対便益のあり方も重要な概念なのである。

（5）資料価値と購入額の関係

　図書館経営において、資料価値と購入額は必ずしも比例するとはいえない。資料の選択および購入については、あくまでもその図書館の蔵書構築に基づいたものである。したがって、利用者からのニーズにともなう利用の有無だけで選択することはできない。選書の基本は二つある。ひとつは、要求論であり、他方は価値論である。「読みたいから欲しい」という要望に基づく選書も意味がある。「本そのものに価値がある」に当てはまるものは、それほど利用率が

高くないものであっても、知の体系化としての蔵書構築は図書館経営における基本的なものである。この理念は、国立国会図書館、大学図書館では当たり前のものであるが、公共図書館の今後の充実を考えたときも、このことはとても大事な戦略になる。

(6) 図書館の目的達成と事業の進捗状況の点検

毎年、同じことの繰り返しでも図書館の経営は動いていく。大事なことは、利用者の多様性に対するサービス提供のための図書館の多様化である。収穫逓減の法則にあるように、毎年同じことの繰り返しをしていると、徐々にその生産性は減少していく。そのときに、利用者のニーズに対して継続的に経営の多様化を計画し、実施し、点検していかなければならない。

(7) 図書館改革とそのタイミング

"The best is the enemy of the good."（最善は良の敵）。最善を尽くそうとすることで、前に一歩も進めないということは、世の中よくあることである。特に図書館、図書館員の慎重さが改革の動きを停止させていることを経験している。いい事は、何しろやってみる、それから評価しても遅くないのである。ベストでなくても、今日より明日がグッドであれば、実際に動いてみてその評価をみることが重要である。「だから問題、だから困難、で何にもしない」という言い訳は、現代には通用しない。図書館改革には、前向きに改革を進めようとする専門職としての図書館員の意識改革が不可欠である。

(8) 図書館経営における競争と協力

営利と非営利の組織でマーケティングの戦略について考えてみると、企業は競争、図書館は協力になる。もちろん、一定の競争の中での生産性を高めること、よい経営を実践することは非営利であっても重要な概念である。しかも、企業は商品を開発し収益を上げる、販売を目指して競争するが、図書館はサービスの提供によって利用者からの図書館に対する信頼を得るというサービスと信頼の交換がその目的である。図書館同士の交換レベルの競争から生まれる協力が不可欠である。

（9）図書館経営とマーケティング

　健全な図書館経営には、恒常的なマーケティングが不可欠である。中・長期的な目標を設定し、財源、組織、人を確保し「いつまで、どこまで、いくらで、どうやって、だれと」というプロジェクト型の具体的な戦略を構築することが不可欠なのである。図書館の蔵書数、開館日、開館時間、利用者数のような経常的で比較的静的な統計によるマーケティングの数字だけではなく、高額図書の購入、24時間開館、地域住民への開放といったようなドラスティックで、プロジェクトに対応する動的・経営的な統計の導入による、マーケティングを目指さなければ今後の図書館の多様性を持ったサービスの充実の可能性は低くなる。

（10）サービスのライフサイクル

　図書館経営を成功させるためには、サービスのライフサイクルを知るべきである。民間企業のビジネスでは、「商品のライフサイクル」を追うことは常識であるし、経営を安定させ、より生産性を高めるためには常時、サイクルをその戦略の基本として考えている。新商品を開発して、実際に売り出すまでには当然のように一定の時間がかかる。販売が少しずつ動き出す時点を、導入期と呼んでいる。さらに売れ始めると成長期となり、さらに大いに売れ筋になった商品は成熟期ということになる。ところが売れ筋商品が一定のピークに達すると、その商品は少しずつ売れなくなるのではなくて、一気に売れなくなる。それは、消費者が他社の商品に興味が移ったり、同社の他種の商品に販売活動をシフトすることになったりするからである。いきなり販売量が減少が起こるのであるが、その対応には、売れ筋の商品が売れ始めた段階、つまりその商品の導入期にすでに次の商品を用意しておかなければならない。これが、商品のライフサイクルである。もちろん、繰り返しになるが、図書館業務においては、「変わらなければならないことと、変わってはいけないこと」のコインの裏表であり、重要性は絶えず検討するべきである。

　同時に、サービスのライフサイクルも同様のことがいえる。図書館のサービスを考えてみると、例えば情報検索である。現在、利用者は図書館ではOPACを使って検索することが主流であるが、一昔前は、カード目録、冊子

体目録等の印刷媒体のもので検索していた。今はOPACの精度がよくなり、さらに他の図書館とも有機的に情報を共有化することが可能になった。館外貸出もそうである。一昔前は、図書館は他の図書館が借り受けた図書を館外へは貸出できなかった。現在では、館外貸出は当たり前のことになっているし、図書館サービスの最大の事業とも言える。つまり、利用者には次のどのようなサービスを提供できるのかをいつも考えておかなければならない。相互貸出も軌道に乗り成熟期といわれるサービスになっている。さらに、電子ジャーナル等の電子サービスがいっそう拡大していくと、図書館に行かなくても情報を取得できるようになる。

その意味では、今後、相互協力の件数も多分減少してくるであろう。その先にある図書館サービスは一体何が考えられるのかについては、日本国内の相互貸借だけでなく、国際的な相互貸借も視野に入れたグローバルなレベルでの検討を始めていかなければならない。

(11) 利用者、関係業者、図書館員の連携と信頼関係

図書館の経営を考えたとき、図書館側からの一面だけではその経営は成立しない。図書館の仕事には多くのものがかかわっている。例えば、図書を扱う書店のような業者さんの経営的な動向を知らずして、図書館の経営が成り立つだろうか。本を扱う業者さんの経営情報を入手しながら、図書館の経営戦略を組むことは重要である。同時に、利用者の図書館に対する、要望、期待感、不満を知らずして図書館経営は不可能である。世の中は、コインの裏表、その意味ではサービス対象としての利用者、図書を取り扱う同業者としての書店等の経営状態、新規の商品等の内情や戦略を知って、初めて図書館のスタンスが定まる場合もある。お互いに成長していく組織として、情報の共有化はもちろんのこと、経営情報とこれからのメディア資料における研究情報の共有化も不可欠である。

(12) 専門職としての図書館員育成

図書館経営には、専門職としての図書館員育成が必須である。日本の図書館にはあまり研究者が訪れない。理由は簡単である。研究に必要な情報がないか

らである。図書館以外で、インビジブルな情報をインフォーマルな個人、あるいはグループから入手できるからである。専門職としての図書館員による選書にともなう蔵書構築（コレクション・ビルディング）により、研究者への支援体制を組めるようにしなければならない。そのことで、研究者の図書館利用が、蔵書構築の刺激になり、そのさらなる充実に拍車がかかる。

　研究者と図書館の関係を強固にするための媒介としての図書館長の役割は重要であるし、同時に、図書館長あるいは先輩図書館員は、部下の図書館員たちを育成する責任がある。しかしながら、図書館員の行なう図書館員の育成にも限界がある。それは、主題である。主題（専門領域）を持つ図書館員のことを、欧米ではサブジェクト・ライブラリアンと言っている。サブジェクト・ライブラリアンの育成・養成には、研究者の支援が不可欠である。研究者から主題を学び、図書館員から図書館業務のノウハウを学ぶ。そのことで、一人前の専門職としての図書館員として働くことが可能になる。

　目に見える形での図書館業務は、図書館員の仕事のうちのほんの氷山の一角である。図書館員としての図書館業務は、見よう見まねにそれなりにこなすことはできるが、氷山の深い部分の専門的な知識、技能そして専門的な図書館サービスに対する感性を持った図書館員でなければ、図書館経営を成功させることは困難である。ここでの図書館員としての感性とは、図書館での専門職としての役割、義務、責任等を、自然に身につけていることと同時に、身につけることに対して努力することを意味している。

（13）図書館経営と民主主義

　図書館経営の概念のひとつは、図書館は民主主義の支えであることを認識することである。

　戦後、日本はアメリカに占領されマッカーサーは日本の民主化に向けて動き始めた。日本の民主化復興のためのひとつの戦略として、当時まだ日本にない学問を探し始めた。そのひとつの学問として図書館学が注目された。アメリカではアメリカでの公共図書館の位置づけを次のように説明している。「民主主義とは、主権在民である。主権が国民にあるならば、国の繁栄のためには、賢い国民を創らなければならない。つまり国民を育成するためにその役割を果た

すのは、公共図書館である」という考えのもとに公共図書館が発展してきている。戦後日本の民主主義の復活のために、日本の公共図書館にもその役割を課したのである。質の高い公共図書館を作るためには、優秀な図書館員さらに優秀な図書館長が不可欠である。そのために、プロフェショナル・ライブラリアンを育成するための図書館学校も必要である。以上のとおり、日本の民主化の普及に、図書館学校を設置することが重要であることを認識し、昭和26年（1951）に慶應義塾大学文学部図書館学科として、Japan Library School がスタートした。

（14）実学としての図書館学

図書館経営のためには、図書館学が実学であることを学ぶべきである。図書館学は、実学という、社会に対して実際に役に立つ学問である。図書館という館は、人々が、より有機的に情報を得ることができ、知識や知恵を得て多くの人々と交流を持つことができる憩いの場所で、それを量的・質的レベルを維持しながら情報を提供できるように発展させるための学問である。経済学も本来、経済そのものの学問ではなく、国民を住みやすくするための経済的な支えとしての実学であるべきである。そのことは、アメリカでの当初の図書館学校は、Library Economy と言われていたことでも明らかである。図書館学を Library Science、また、図書館・情報学を Library and Information Science と呼ぶが、その原点は、図書館が社会において物理的にも精神的にも、人々の支援として存在することを目的としていることである。利用者が図書館を利用することで、より住みやすい世の中と確信できるようにすることこそが図書館の役割である。

2. 図書館の評価

ここでは、図書館業務の実際を評価する目的と評価する方法を述べる。

（1）図書館評価と代表的な業務統計

統計は、毎年、年間報告として各種図書館で公表される。以下がその代表的なものである。

- 資料関連：蔵書冊数、年間受入冊数、年間除籍冊数、雑誌購入種数等。
- サービス関連：開館日数、入館者数、登録者数、貸出冊数、相互貸借件数（貸出冊数、文献複写受付件数、文献複写依頼件数）、電子複写枚数、参考調査業務受付件数、参考業務回答件数等。
- 資源関連：専任職員数、非専任職員数、経常経費、人件費、資料費、図書購入費、製本費等。

　図書館の統計としては、図書費と資料費の区別、逐次刊行物のサービスとして製本費が不可欠であることも、その特徴といえる。

（2）業務統計に基づく主な評価指数

　図書館評価にかかわる評価指数には、以下の蔵書新鮮度、貸出密度、実質貸出密度、蔵書回転率、貸出サービス指数などがある。

- 蔵書新鮮度＝その年の受入冊数÷全蔵書冊数

　既存の所蔵数に対して、最近受け入れた冊数である。蔵書新鮮度は、受入冊数が多くなればその評価は高くなる。蔵書冊数規模の大きい図書館では、蔵書新鮮度はそれほど目覚ましく変化しないが、規模の小さな図書館ではその変化が大きい。もちろん、受入冊数は、その図書予算によって左右される。

- 貸出密度＝貸出延数÷定住人口

　公共図書館における、地域住民の人口数がそのまま図書館の利用頻度についての評価になる。

- 実質貸出密度＝貸出延数÷登録者数

　実質貸出密度とは、実際に地域住民が登録することで利用の意思を示すことであるから、貸出密度の精度はより高くなる。当然その年齢層も知ることで、図書館サービスの一定の方向性も明らかになる。

- 蔵書回転率＝貸出延べ冊数÷蔵書冊数

　蔵書数に対する貸出冊数である。この評価も、図書館の規模によって変わってくる。したがって、回転率が高いからいい図書館、低いから悪い図書館という結論にはならない。公共図書館では、一般的に回転率は蔵書冊数の2割程度とされているが、図書館としては、図書そのものに価値のある

図書や、図書に対して読みたいと利用者が要求する図書を収集する、両面戦略によって蔵書回転率を高める方法が考えられる。
・貸出サービス指数＝（図書一冊当たりの平均価格×貸出延べ冊数）÷図書館の経常経費
＊図書一冊当たりの平均価格ではなく実際に購入した図書の価格にしたほうがより正確な数字を出すことができる。
　貸出サービス指数の評価は、貸出冊数と図書館経営に直結する数字ではある。図書館の経常経費として、資料費、人件費、製本費、光熱費等のもろもろの運営情報と貸出冊数のみからみた図書館経営評価となる。貸出至上主義にとらわれず経営情報のひとつの情報として評価する余裕が必要である。
・予約貸出率＝予約件数÷貸出数
＊市区町村の予約貸出率は、0.047％程度
　予約貸出率については、その図書に対する評価と同時に、必要があれば重複購入の必要がある。閲覧の運用方法としては、一冊は、必ず禁帯出図書として残し、館内閲覧あるいはコピーによって利用させることもその方法のひとつである。

（3）パフォーマンスの評価

　Performance（遂行、実行）という言葉には、effectiveness（効果）と efficiency（効率）の意味が内包されている。効果とは、目的や目標が達成された程度のことをいい、効率とは目的や目標の達成に要した資源の量をいう。同時に、cost-effectiveness（費用対効果）、cost-benefit（費用対便益）の考え方を理解することも重要な図書館経営のコンセプトになる。現代経営学の祖といわれるピーター・ドラッカーは、非営利組織の活動において、定量化を行なわない最大の理由は、社会的な事業のなかで真に意味のあるものは定量化になじまないからである、と述べている。ドラッカーは現代経営学に大きな影響を与えた経営学者だが、その本質的な論点は、非営利経営の確立と繁栄にある。
　例えば、ここで費用対効果と費用対便益の考え方を業務統計に基づく評価指数を利用してひとつの例を紹介する。[1]

・蔵書回転率　A図書館：貸出回数300回、蔵書100冊、蔵書回転率3.0
　　　　　　　B図書館：貸出回数300回、蔵書600冊、蔵書回転率0.5

　A図書館とB図書館を蔵書回転率の見地から費用対効果を評価した場合、回転率3.0のA図書館がすぐれている。一方、利用者に対するサービスの適切さを比較した場合、蔵書数を注目しなければならない。100冊しかない図書の情報量の中から貸出した図書館と、6倍もある600冊の情報量の中から選書した図書館とでは、図書館の存在意義の見地からすると、後者の図書館のほうが、費用対便益の意味では評価されることになる。図書館の経営の場合、利用者への貸出サービスが優先することがあるが、本来の図書館機能として蔵書構築は、collection building、collection developmentともいわれており、文明の継承としての知識の体系化に重要な役割を果たしているのである。

　次に、費用対効果と費用対便益について概念を説明する。[2]

　経営上の財政面で、費用を抑えるだけ抑えて生産性を高める費用対効果とあくまで、消費者・利用者に対して便宜を図ることを目的とする費用対便益の例を説明する。

・目録作成委託業務
　　A図書館　1日生産量50件、価格5,000円、1件単価100円
　　B図書館　1日生産量30件、価格1,500円、1件単価50円

　費用対効果から判断すると、単価の安いB図書館のほうが、評価は当然高くなる。一方、目録の生産量から判断すると、Aが50件、Bが30件となり目録情報の提供から費用対便益を判断すると、Aの50件のほうが評価は高くなるのである。利用者からみれば、目録作成における費用対効果は、ブラックボックスに過ぎないため、目録としての蔵書情報を速やかに提供されることを好むのは当然なことになる。図書館経営は、費用対効果、費用対便益のコインの裏表、あるいは経営の両輪が必要になる。

（4）サービスのライフサイクル

　企業の商品のライフサイクル、図書館サービスのライフサイクルについては先述したが、ここでは、図書館員の育成のライフサイクルについて説明する。

　専門職としての図書館員の育成は急務である。司書、司書補等の資格を持つ

人が、プロフェッショナル・ライブラリアンとは限らない。資格がなくても図書館員として立派に業務をこなしている人も多々いる。欧米のプロフェッショナル・ライブラリアンの原点はそのサブジェクト（主題）にある。プロフェッショナル・ライブラリアンと同時に専門職としてのサブジェクト・ライブラリアンであることが重要である。まず、何らかのフィールドを持った後に、ノウハウとしてのライブラリーサイエンスを習得し、研究支援、選書、コミュニケーション、ネットワーク等の能力を発揮することで図書館員の仕事が成り立つ。

　図書館員の育成のためのライフサイクルとして、1部署で3年～5年経験し、さらに3部署を担当することで、将来のビブリオグラファー（書誌専門家）としての育成あるいはアドミニストレイター（管理責任者）としての方向性が定まってくる。図書館の仕事も導入期、成長期、成熟期があり衰退期に入る前、つまり、担当業務の内容よりも少し余裕を持ち始めるころ、あるいは、仕事の成果を出すための能力が不足している場合に、異動が必要になってくる。その時点で、担当を変更することで、図書館業務の知識と技能が必要になってくるが、同時に、図書館の利用者、消費者に対するサービスを提供するための感性を磨くことになる。

（5）コンソーシアムのライフサイクル

　現代では、ひとつの図書館だけで、機能することに限界があると認識されている。図書館は、相互協力として相互貸借や蔵書構築のための分担収集も行なっている。図書館のコラボレーション、図書館のコンソーシアムは今、その主流となり始めているが、コンソーシアムそのものにもライフサイクルが存在する。欧米のコンソーシアムがその典型であるが、欧米の各国はコンソーシアムの導入期、成長期、成熟期そして衰退期とそれぞれの段階が異なっている。ここでは、欧米で成功しているコンソーシアムを紹介する。それは現在、ICOLC（International Coalition of Library Consortia）として発展している。一方、すでに役割を果たしてコンソーシアムを終えているものある。ヨーロッパの6カ国の歴史、現状を紹介したのち現在の日本の国立大学のコンソーシアムのこの10年の歴史と現状そして将来の方向性をICOLCの視点を採用した図書館調査から、日本になじむ図書館コンソーシアムの典型を考える。

（6）企業と図書館のブランド調査

　企業のブランド知覚指数（PQ：Perception Quotient）とは、日経リサーチが毎年実施している調査である。[3]　その方法は、インターネット調査により、代表的な企業約530社の従業員約16,500人、消費者約46,634人を対象に実施するものである。

　調査項目のうち、代表的なものは、消費者、従業員の共通項目として、「独自性」「プレミアム度」「推奨意向」、従業員のみに対しては「仕事での有用性」、消費者のみ対しては「自分にとっての必要度」「愛着度」を調査している。その結果、企業のブランド調査のベスト10（2006年度）は、1位マイクロソフト、2位キヤノン、3位トヨタ自動車、4位ソニー、5位ヤフー、6位ヤマト運輸、7位松下電器産業（パナソニック）、8位コクヨ、8位東急ハンズ（同位）、10位オリエンタルランドとなっている。毎年ランキングに少しずつ動きはあるが、売り上げよりも、企業組織として消費者、従業員に対する丁寧な対応が企業の評価を高めている。

　例えば、上記の企業ブランド調査を図書館の評価に援用することを考えた場合、次のような図書館におけるブランド調査を実施することが可能になる。調査項目として次のようなことが考えられる。

　調査項目は、利用者、図書館員の共通項目として、「図書館として特色あるサービスをしているか」「蔵書内容が優れているか」「図書館を利用するうえで快適であるか」、図書館員に対しては「仕事遂行上のモチベーションを持てるか」利用者に対しては「自分にとっての有効性のある図書館であるか」「図書館を利用することで生活の利便性があるか」を調査することで、図書館のブランド調査結果を分析することができるだろう。

　上述の調査結果によって、企業も図書館も、従業員・図書館員、消費者・利用者にとってなくてはならない組織としての位置づけが明確になる。

（7）ドキュメント・デリバリー・テスト（DDT：Document Delivery Test）

　1960年代に、米国の医学図書館で、リチャード・オアーのドキュメント・デリバリー・テスト（DDT）が実施された。この目的は、図書館のサービスを評価する際にその時代にはまだ定着していなかった「利用者の目からみた、図

書館サービスの評価」の導入であった。具体的には、利用者が借りたい図書を実際に手に取るまでにどのくらいの時間がかかるのかを調査し、短時間で目的の資料を提供できる図書館を評価の高い図書館と判断したのである。

・テストの実施のための準備

書誌リストとしてのテストサンプルを作成した。リチャード・オアーは、医学関係の主題で実施したが、筆者は、法学部さらに憲法関連資料を所蔵している図書館でその作成された書誌リストにしたがって、調査を実施した。

・テスト項目

図書を探索するうえで、下記の18項目にしたがって調査を実施した。

①蔵書中にない、②蔵書中にあるがすぐ入手できない、③開架でそのとおりの位置にある、④予約貸出の場合、⑤教職員への貸出、⑥学生への貸出、⑦相互貸借の場合、⑧その他の貸出、⑨製本中の場合、⑩整理中の場合、⑪入庫中偶然見つかった場合、⑫特別な場所（研究室、閉架書庫）の場合、⑬配架中の場合、⑭紛失中の場合、⑮他のところ（複写室）にある場合、⑯2回目に探したときにある場合、⑰2回目にも無い場合、⑱2回目に探したときにその他の結果

・資料入手時間の分類

①10分以内で入手、②10分以上、2時間以内で入手、③2時間以上、24時間以内で入手、④24時間以上で、1週間以内で入手、⑤1週間以上で入手

・CI（資料入手時間）の計算方法

Capability Index（CI）＝(5-Mean Speed)÷4×100 でひとつのタイトルごとに計算しその合計で図書館の評価を決定する。Mean Speed（実際に要した時間）には上記①から⑤の資料入手時間の分類の時間を計算したもので、個々の蔵書の入手時間に対する評価を行なう。

（8）国際標準規格 ISO 11620

図書館の国際評価標準を決めているのが、国際標準規格（ISO）というものである。この国際基準に照らし合わせて、図書館の評価を行なうことは、重要である。

1998年に29の指標が示され、2003年の修正版ではさらに5つの指標が追加

された。2008年にはさらに23の指標が追加されたが、既存の指標の12が削除され、現在45の指標になっている。ISO 11620において規定されている主な指標の一部を参考に記載する。[4]

（a）利用者の意識：利用者の満足度
（b）利用者サービス業務
・b-1 全般：利用率、利用者費用、来館回数、来館費用
・b-2 資料の提供：タイトル利用可能性、要求タイトル利用可能性、要求タイトル利用可能性、要求タイトル所蔵率、一定期間内利用率、人口当たり館内利用率、資料利用率
・b-3 資料の出納：資料出納所要時間、開架資料探索所要時間
・b-4 資料の貸出：蔵書回転率、貸出密度、人口当たり貸出中資料数、貸出当たり費用、職員当たり貸出数
・b-5 他の図書館からの資料提供：図書館間貸出のスピード
・b-6 レファレンス・サービス：レファレンス正答率
・b-7 情報検索：タイトル目録探索成功率、主題目録探索成功率
・b-8 設備：設備の利用可能性、設備利用率、座席占有率、コンピュータシステムの利用可能性
（c）整理業務
・c-1 資料の受入れ：受入所要時間
・c-2 資料の整理：整理所要時間
・c-3 目録業務：タイトル当たりの目録費用。

以上が現状であるが、まだ翻訳はされていない最新版が出されている。

注
1）高山正也ほか『図書館経営論』樹村房、1997、p.164-165。
2）同上書、p.151。
3）日経リサーチブランド戦略サーベイ［http://www.nikkei-r.co.jp/service/branding/co-brand.html］より。（最終アクセス　2011.10.1）
4）『JIS図書館パフォーマンス指標』日本工業規格調査会審議、日本規格協会発行、2007、55p。

第3章
図書館経営の充実のために

1. サービスの構築とマーケティング

(1) 図書館のマーケティング

　営利組織の企業のマーケティングと非営利組織の図書館のマーケティングの共通点、相違点は何か。フィリップ・コトラーの「非営利組織のマーケティング」(1975)[1]に基づいて比較分析してみる。マーケティングとは、「組織目的達成のためにプログラムを注意深くデザインし、ターゲットとなる市場と価値を自由に交換できるようにプログラムを分析し、計画し、実施し、統制すること」を意味し、それは「主としてターゲットとなる市場のニーズと欲求に対して組織が提供できるものは何かを企画することと、市場に情報を提供し、動機づけを行ない、サービスに適切な価格をつけ、広告、流通を行なうことの2つのことから成り立っている」(コトラー 1975)。企業と図書館におけるマーケティングの、①概念、②利用対象者、③戦略、④マーケティングミックスの4P(マーケティングの4項目)、⑤ファンドレイジングについてそれぞれ比較してみる。企業の目的は、①販売：商品を提供し収入を得る。②消費者が対象である。③競争：同種・多種業者との競争に勝つこと。④ product：商品, price：価格, place：場所, promotion：促進のミックスをリンケージして販売活動を実施する。⑤企業の存続のための財政基盤として資金を獲得するの5つである。

　図書館のマーケティングの目的に当てはめると次の解釈が成り立つ。

　①概念は交換：図書館はサービスを提供して信頼を得る。サービスと信頼の交換のためにマーケティングを実施する。②利用対象者は消費者、利用者：国

立国会図書館の国民や議員、公共図書館の地方公共団体の県民や地域住民、大学図書館の教職員、大学生、大学院生、学校図書館の先生、生徒、専門図書館の研究者、会社等の組織・機関の構成員。③戦略は協力：図書館間の競争のなかでの協力が必要である。今の時代、ひとつの単独の図書館だけでは、その事業はあまり広がりをもてない。各種図書館と有機的にコンソーシアム等の協力体制を作ることが必要である。図書館はシナジー効果も視野に入れた協力体制を目的とするマーケティングが必要になる。④マーケティングミックスの4P：図書館としてこの4Pを次のように解釈することができる。Productとは、企業ではライブラリー・コモンズあるいはインフォメーション・コモンズとしての役割の拡充、新しいコンセプトの導入によるサービスの向上、促進が求められている。Priceとは企業では価格ということであるが、図書館では得られる情報量と収集のための時間の節約に匹敵すると考えられる。Placeは企業であれば、商品をより売りやすい場所ということになるが、図書館では、館としての図書館の機能であることはもちろんのこと、ライブラリーのなかで競争力が優先される。Promotionとは企業では、商品の販売を促進していくことに集約されるが、図書館では、図書館員と利用者のコミュニケーションをはかること、つまり、利用者のニーズを掌握したなかでの利用者サービスの向上が必要になる。⑤ファンドレイジングとは資金の獲得：企業では、資金の獲得後のさらなる発展を促進していくわけだが、図書館は具体的には財政基盤というよりは、人材獲得も視野に入れなければならない。ファンドレイジングの意味づけの中で、ボランティア活動の導入、「図書館友の会」のような市民から支援活動、寄付金、遺贈金、補助金の獲得等でファンドレイジすることが考えられる。

（2）企業のブランド競争と図書館のブランド協力

経営学分野では、企業の競争には、①ブランド競争、②産業競争、③形態競争、④一般競争という4つの典型的な競争が存在している。例えば、ブランド競争は、国内での激しいビールブランド競争（アサヒ、キリン、サッポロ、エビス等）が挙げられよう。このことは、国内車の業界であれば、トヨタ、ホンダ、日産、マツダ等の車の販売競争である。②産業競争となると、ビール業界であれば、日本のビールに国外のブランドが加わり、ハイネケン、アダムス、クア

ーズ、青島ビール等が参入してくる。車の業界であれば、メルセデス、BM、GM、ヒュンダイ等が参入してくる。つまり、日本のなかの競争であれば、ブランド競争、それがグローバルな競争として発展していくと国際的なブランド競争としての産業競争のレベルになってくる。

　マーケティングの「競争」を「協力」の視点に置き換えて解釈すると、ブランド協力とは、例えば日本の大学図書館間の協力として、コンソーシアム、ILL活動が考えられるが、さらに産業協力の位置づけになると、OCLC、RLGの団体組織や、個々の海外の大学との協力を視野に入れ、グローバルな相互貸借を中心にした相互協力が不可欠になる。

　形態競争とは、同種のベネフィットを得られる商品の間での競争である。ペットボトルでのお茶を飲む人が多くなったが、お茶のペットボトルとしての競争は、そのブランド競争として、伊藤園、サントリー、コカ・コーラ等が競い合っている。つまり、お茶として商品の中身は共通であるが、ペットボトルとしてのお茶の形態競争が行なわれていることになる。ペットボトルとしての特許も含めた競争をしているのである。このことを図書館の形態協力に置き換えてみると、形態（種類）の違う図書館間の協力となる。お茶という中身、図書館としての機能は、消費者、利用者には同様である。各種図書館の形態は異なるが、図書館としての機能は、それぞれの異なる利用者に対しても同様の目的意識を持ちながら、有機的にサービスを発展していくことを考えれば、公共図書館間の協力はブランド協力であるが、例えば、公共図書館と大学図書館、公共図書館と学校図書館、公共図書館と国立国会図書館、大学図書館と専門図書館という器（種類）が異なる図書館が協力するということであれば、サービスは間違いなく向上するし、これは形態協力ということになる。

　一般競争の典型は、例えば、夏と冬のボーナス時の異業種の企業競争が考えられる。ボーナスで少し懐が豊かになった消費者に対して、家電会社は、電気製品を売り込もうとする、旅行会社は国内・海外の旅行の宣伝を派手に展開し旅行者を確保しようとする。つまり、商品の共通点はない競争が一般競争である。企業は、異なる商品をそれぞれの企業が消費者に売り込むことになる。つまり、業界を超えた競争が行なわれる。図書館における一般協力とはどのように考えられるか。図書館という世界を逸脱した協力体制が必要になる。大学

図書館であれば、それは大学の学校法人との協力である。大学の予算は、学事、教務、管財、経理等あらゆるところでその予算が必要になる。各部門は、事業計画に基づき予算を潤沢にするためには、大学の経営者、理事といわれる学校法人にその協力を求めることになる。公共図書館も地方自治体から、県税や国からの地方交付税等を、教育委員会等の予算の配分を受けて、図書館経営を行なうわけであるが、図書館の活動のための支援体制を確立するためには、図書館運営に理解をもった継続的な協力が必要になる。具体的には、図書館の事業計画を実現するための潤沢な予算を勝ち取らなければならない。この一般協力の概念は、もちろん財政面だけではなく、大学の図書館以外の研究・教育機関との協力、地方自治体であれば公共図書館とそれ以外のビジネス、医療、教育等の機関との協力が必要である。

(3) 文字活字文化振興法

2005年7月に文字・活字文化振興法が成立した。[2] この内容は、「文字や活字文化の発達は、知識や知恵の継承と向上、豊かな人間性づくりや健全な民主主義の発達に欠くことができないこと」とされ超党派の活字文化連盟によって成立されたものである。これには「言語力：読む力、書く力並びにこれらの力を基礎とする言語に関する能力」の必要性が謳われている。ちなみに2009年の調査で、1ヵ月間にまったく本を読まなかった人は、各年代の平均で53%である。70歳以上が70%、60歳以上で58%、50歳で48%、40歳で43%、30歳で45%、20歳で41%であった。本を読まない理由として「時間がなかった：51%」「読みたい本がなかった：21%」「本以外で知識や情報を得られる：18%」「読まなくても困らない：18%」の順であった。読むことによって、しっかりした判断力を持ち、豊かな人間性を育むうえで、また「人間力」の育成のうえでも、文字・活字と身近に接する機会が不可欠ともいえる。図書館の役割は非常に重要である。

(4) 学校図書館図書整備費

2002年から学校図書館の図書を増やすという目的で、「学校図書館図書整備費」としての補助金を小・中学校に配布することが決定された。[3] このことは、

次の理由による。2002年の段階で、学校図書館図書基準（学校の学級数による平均的な蔵書冊数）に従って、小学校、中学校のそれぞれの学満足度を調査した。2002年度図書館図書基準を満たしている小学校は、24.9％、中学校は21.7％であった。つまり、小学校の約75％で小学生が読むべき本が足りない、中学校の約79％で中学生が読むべき本が準備されていないということである。

　文部科学省は、図書館図書基準に少しでも追いつけるように、学校図書館図書整備費を予算化した。2002年度から5年計画で、年間130億円、総額650億円が図書を増やすための補助金として準備された。2004年度には、図書館図書基準の満足度は、小学校：37.8％、中学校：32.4％となり少し満足度の数字が高くなった。図書館図書整備費の一校平均は42万円、最大なのが山梨県の69.1万円、最低なのが青森県の19.1万円であった。さらに2006年度の図書館図書基準の満足度は、小学校：40.1％（学校数8,908校）、中学校：34.9％（学校数3,543校）であった。2004年度で1,800万冊実質増加したが、文部科学省が見込んでいた増加冊数は、最終年度の2007年には4,000万冊と計算していた。しかしながら、2004年度の段階では、到底、2007年度のその目標が達成されることがないことが判明した。その理由を、文部科学省は、古い図書の購入、買い替え等に予算が使われたために、新しい図書の購入が進まず、2002年度からの5年間の図書の増加がそれほどめざましくなかったと反省し、さらに新学校図書館図書整備費として、2007年度から2012年度までの5年間に、年間200億円、総額1,000億円を補助金として予算化した。[4] 新学校図書館図書整備費では、古い図書の更新分の購入は120億円に抑え、80億円は新規図書を購入することを義務づけた。

2. 大学図書館の実態と評価

（1）大学図書館の実態調査

　文部科学省の「大学図書館学術情報基盤整備実態調査結果報告」に基づいて、大学図書館の実態が毎年報告されている。ここでは、蔵書数、年間受入、資料費等を国立、公立、私立に分けて掲載する。国立大学に対する図書館予算、私立大学に対する私学への助成金をここでは比較するが、認識しておかなければ

ならないのは、現実の数字として国立大学 86 大学、約 590 を超す私立大学、公立大学 95 大学であること（2011 年度）、18 歳人口のうち 8 割が私立大学に進学するという現実である。これらのことを認識したうえでの、大学図書館の実態を評価しなければならない。

（参考）2006 年度大学図書館学術情報基盤整備実態調査結果報告[5]
・蔵書数（国立：9 千 230 万冊、公立：1 千 7 百万冊、私立：1 億 6 千万冊）
・年間受入（国立：155 万冊、公立 43 万冊、私立 477 万冊）
・資料費（国立：193 億円、公立：31 億円、私立：446 億円）
・経常費（国立：241 億円、私立 41 億円、私立：627 億円）
・学生 1 人の図書数（国立：90.2 冊、公立 100 冊、私立：39.7 冊）
・館員 1 名学生サービス数（国立：487 人、公立：394 人、私立：905 人）
・職員数（国立：2,101 人、公立：433 人、私立：4,653 人）
・図書館数（国立：293 館、公立：120 館、私立：948 館）

　2011 年現在、国立 86 大学、公立 95 大学、私立約 600 大学という数字から見ると、私立大学は国立大学に比較して図書館サービスのレベルは低い。18 歳人口の 8 割が私立大学に進学する現状において、私立大学への教育支援としての私学助成を望みたいところである。ちなみに、東京大学 1 大学の 2010 年度予算は、年間 2 千 12 億円（出典：国立大学法人東京大学 HP）、私立大学全体の 2010 年度助成金は、全体で 3 千 221 億円である（出典：東京私立教連中央執行委員会）。私立大学全体の経営についても、当然のことであるが、図書館環境整備のためにも私学助成の充実が求められる。図書館評価の見地から最も問題としなければならないのは、学生 1 人に対する蔵書数と学生に対するサービスにあたる図書館員の質であろう。

（2）大学図書館の休日開放
　大学は、その目的として行なっている教育、研究の実際をもっと公開すべきであると求められている。同時に、その施設の公開も求められているが、国公私立大学でその公開が進んでいるのは大学図書館において顕著である。
　大学図書館の休日開放が進んでいる。文部科学省が発表した 2003 年の統計

から見ると、全国の708大学のうち、国立大学では、全体の4割である35大学が24時間開館している。休日も図書館を開いている大学は286大学で全体の4割を超えている。平日に時間外も開館しているのは、全体の約8割にあたる558大学にのぼっている。

(3) 大学図書館の社会貢献

　文部科学省は、2002年度より国立大学の地域貢献費用として2002年度に約10億円、2003年度に約15億円を予算化した。この目的は、自治体と国立大学との将来にわたる真のパートナーシップの確立、大学全体としての地域貢献の組織的・総合的な取り組みの推進として、予算面での特別な支援を行なうことである。組織的・総合的な取り組みとして、26大学（2002年度15大学、2003年度11大学）が選定され1大学平均3000万円から8000万円程度が予算化された。
　一方、全日本大学開放推進機構が2003年に設置され、大学と機構が連携して、教育・研究活動を地域社会や企業団体等に積極的に開放することを推進し、市民の生涯学習に寄与することを目標としている。
　大学にできる社会貢献のひとつとして、大学図書館の一般開放がある。その の実情として75大学（国立40大学、私立30大学、公立5大学）の実態をまとめてみた。地域貢献の項目として「地域開放66大学」「地域連携16大学」「ボランティアの導入5大学」「資料のデジタル化による公開4大学」「講習会・セミナーの実施4大学」「児童図書室の開放3大学」であった。
　地域開放の事例としては「特に会社員、自営業の学外利用者への開放」「図書市民利用制度：登録することで学生と同様のサービスを受けられる」「大阪府民であれば利用券を発行することで利用化」「杉並区図書館ネットワークへの参加」「15歳以上の世田谷区民への開放」「図書館友の会：一般会員2,000円、賛助会員10,000円」「多摩地区：登録料3,000円、千代田区住民3,000円」等がある。地域連携の実際については、「県立図書館との連携」「市職員が大学の講義を受講できる」「区の図書館との連携」、資料のデジタル化による公開としては、「電子コンテンツ形成支援事業」「郷土資料の電子化・公開」「池田家文庫絵図のデジタル化によるインターネットでの閲覧化」「阪神・淡路大地震に

関する資料の収集とデータベース化」「幕末・明治期の日本古写真コレクションのデータベース化」「北方資料のデータベース化やアイヌ民謡の電子情報化」等がある。講習会・セミナー開催の事例としては、「小学生のための大学図書館見学と豆絵本製作講習の実施」「東南海・南海地震シンポジュームの開催」等がある。児童図書室の開放の実例では、「子育て支援のための児童図書室の設置と開放」「生涯学習の基盤整備として児童図書室設置」「こども文庫：あいのみ文庫設置開放」等がある。[6]

　私立大学図書館の社会貢献の例としては、「八王子市民に開放。18歳以上で、登録料2,000円以上、継続の場合は1,000円」「学習研究テーマのある地域住民へ開放。会員ごとで異なるが、館内閲覧、館外貸出可」「文京区民への図書館開放」「学外音楽研究者への開放。高校卒業または、19歳以上。長期利用料年間5,000円で図書の館外貸出可」「20歳以上の研究目的で千代田区民の利用。年会費3,150円。館外貸出可」「神奈川県民、県内勤務者20歳以上」「藤沢市民図書館との相互協力および市来館利用サービスの実施。市民講座を年1回実施」などがある。[7]

（4）大学の評価方法

　世界の大学ランキングとして、代表的なものである Times Higher Education Supplement（THES）を紹介する。これは、世界レベルのランキングであると同時に日本の大学のランキングでもあり、大学の評価を高めるために図書館がどのように支援することができるのかにも触れることにする。THES の大学ランキング評価としては6項目がある。「研究者評価40％」「企業の求人意欲10％」「外国籍の教員数5％」「留学生数5％」「学生一人当たりに対する教員数20％」「教員一人当たりの被引用文献数20％」によって、ランキングが決定されるのである。図書館が大学を支援できるのは、「研究者評価」および「被引用数」の部分である。研究者を支援するには、評価の高い雑誌（情報）を集めること、さらに引用数の高い研究者（教員）に対し、プロフェッショナル・ライブラリアンとして、質の高いライブラリーサービスを展開することにある。質の高い雑誌を収集するためには、Impact Factor（インパクトファクター）＝ある雑誌に掲載された論文が引用された総被引用数÷ある雑誌が掲載した論文

総数）を調査する。例えば、Journal Cell は、2年間で引用された数が、3万4779件、掲載した論文数が899件、34779÷899＝38.686となり、インパクトファクターは非常に高いものである。

　ブラッドファオードの法則では、おのおのの分野に少数のコアジャーナルがあり、重要な論文は比較的少数のジャーナルでカバーされいて、コアジャーナルを研究のために購入しておけば研究の需要の50％を満たすことができるといわれている。同時に、引用分析からみると、150程度の雑誌で、引用実績の全体の半分を占め、出版実績の4分の1を占めると云われている。さらに、引用された記事の95％、出版記事の85％が、約2,000点のジャーナルでカバーされるとも言われている。この事実に基づくコレクション・ビルディングに対する冷静な判断が、質の良い雑誌を収集する経営戦略（費用対効果）の判断のなかでは、適切なコアジャーナルの購入がその図書館戦略になる。

注
1）　コトラー『非営利組織のマーケティング』が、1969年に非営利組織のマーケティングの重要さを唱えその概念を拡張した。
2）　文字活字文化振興法［http://law.e-gov.go.jp/htmldata/h17/h17ho091.html］より。（最終アクセス　2011.10.1）
3）　学校図書館図書整備費［http://www.mext.go.jp/b_menu/hakusho/nc/］より。（最終アクセス　2011.10.1）
4）　新学校図書館図書整備費［http://www.015.upp.so-net.ne.jp/kodomodokusho/Singakkoutoshokanseibi5kanenkeikaku07.html/］より。（最終アクセス　2011.10.1）
5）　2006年度大学図書館学術情報基盤整備実態調査結果報告［http://www.mext.go.jp/b_menu/toukei］より。（最終アクセス　2011.10.1）
6）　加藤好郎「大学図書館における社会貢献：一般開放の状況」図書館雑誌、vol.100、No.8、2006.8、p.492-496。
7）　2006年度私立大学図書館協会東地区研究部パブリック・サービス研究分科会参加校の調査結果。

第4章
図書館の組織・運営・管理

1. 図書館の組織

（1）組織の意味

　組織とは、人間の協働的社会行為である。二人以上の人々の協働があればそれは組織としての生業が必要となる。組織は、個々の人間の行動によって動いており、さらに特定の目的達成に向けて調整され、それはそれぞれの複数の人の活動システムでもある。組織学者のルイス・アレンは次のように述べている。「組織とは人間が目的を達成するために最も効果的に協力できるように、遂行すべきことの性格を明確にし、それを編成し責任と権限を明確化して、それを委譲し相互の関係を設定する過程である」[1]としている。

　現代の組織行動学とは何か。[2] それは、行動と態度である。Organizational Behavior（OB）とは、組織内で人々が示す行動や態度についての体系的な学問である。リーダーの関心事は、従業員の生みだすアウトプットの量と質である。つまり生産性、常習的欠勤、転職率、そして、最近ではこのことに組織市民行動が加わっている。この組織市民行動は、任意の行動であり公式の職務要件には含まれないが、組織が効果的に機能していくために役立つ行動である。マネジャーが従業員の職務満足度に対して関心を持つ理由は3つある。

　第1に、満足度と生産性との間に関係があると思われるからである。第2に、満足感は常習欠勤や転職率と反比例の関係にあるからである。第3に、マネジャーには従業員に対してやりがいがあり、報われ、しかも満足できる仕事を与える人間的な責務があるからである。もちろん、これらの分野は、人が働くこ

とに関連する問題だけではない。組織とは、二人以上の人間がかかわって、共通の目標、あるいは一連の目標を達成する目的を持っている。メンバーの行動を定義し、形成する公式の役割があるのが特徴である。したがって、組織行動学には製造業、サービス業、学校、病院、教会、軍隊、慈善団体、地方、州、国などの多様な組織における人々の行動が包括される。

(2) 一般管理原則[3]と管理原則[4]における伝統的な組織論
ここでは、伝統的な組織論における図書館組織の人事管理についてみていく。
1. 分労（専門化）の原則：構成員が専門化された分野を担当する。図書館でいえば、資料形態別、専門主題別に分けることが考えられる。例えば、レファレンス・ライブラリアンとカタロガーの担当別、和書担当と洋書担当にビブリオグラファー（書誌専門家）を分けることである。
2. 責任・権限の原則：権限と責任を等しく与えること。図書館員は選書、目録、貴重書担当等の権限については充分に与えられた中で仕事をしているが、問題はそのことに対する経営的な責任として、経済的な面と後継者の育成についてである。専門職としての図書館員にとっては、権限の原則よりも責任の原則を守ることが重要であると思われる。
3. 階層化の原則：組織のラインを通じて権限が委譲されていくこと。伝統的には正しい組織論である。現代では、そのラインを崩して、スタッフの提言も含めた有機的でフラットな組織作りが求められている。
4. 命令報告の一途の原則：報告・連絡・相談が一途の原則を貫くこと。図書館では、主題専門家は、選書・収書部門とレファレンス部門の両方に横断的に仕事を遂行することがある。しかしながら、その際、上司が気をつけなければならないことは、両方の上司から同時に指示がないようにしなければならないことである。図書館員の才能のつまみ食いというようなご都合主義の組織は避けなければならない。
5. 統率限界の原則：図書館では、仕事に関する知識・経験（専門職）の差によってその統率の範囲が異なる。一人の管理職が何人の部下を抱えることができるかは、仕事の内容や難易度にもよるが、大事なことは、権限を部下に委譲することによって、管理を細分化し仕事の進捗、部下の

育成に注意深く対応できるように実施することである。2010年には、日本相撲協会が、野球賭博に関係したということで、力士、親方が協会から解雇・勧告される事件が起こり、名古屋場所のNHKの相撲中継も中止される事態に陥った。この事件のひとつの原因には、以前より部屋数が多くなり、一人の親方が、部屋の運営、弟子の養成、新弟子のリクルート等、一人で弟子の教育・管理を統率する限界を超えたことが考えられる。統率限界の原則の意味は大きい。

（3）図書館組織の特徴

　日本の図書館の組織構造は、ピラミッド型である。図書館長を頂点に、三角形の形で図書館員を底辺に構成されている。ランガナータンの図書館の五原則[5]のひとつに、「図書館は成長する有機体」とあるが、図書館組織は世の中の需要に応じて、現在も変化しなければならない。ここでは、伝統的な図書館の組織の特徴を述べる。

　図書館の組織は、機能別と資料形態別に分けることができる。機能別には、業務上の問題解決が迅速である点、利用者にも各部門の機能と活動に対する理解を容易にすることができる点、各部門間の業務の重複を避けることができる点の特徴がある。資料形態別の特徴は、蔵書量がある一定の規模を超えた場合、分労の原則により種類別（形態別）に部門が設定される点である。図書館の規模からすると、中小の図書館は、機能別の組織にするのが好ましく、大規模の図書館は資料形態別（図書部門と雑誌部門を分ける等）が適している。

　資料形態別の図書館として米国議会図書館（LC）の組織を紹介する。

```
Executive Committee（執行委員会：最高意思決定機関）
         ↑                ・Congress Research Service
                            （議会調査局）
Librarian ⇒ Deputy Lib ⇒  ・Copyright Office（著作権局）
         ↓                ・Law library（法律図書館）
Office of Librarian        ・Library Service
                            （図書館サービス）
```

| （館長公室：組織管理） ・Office of Strategic Initiatives （戦略企画局） |

　Librarian（館長）の下に Deputy Librarian（副館長）がいる。そのラインとして Congress Research Service（議会調査局）、Copyright Office（著作権局）、Law Library（法律図書館）、Library Service（図書館サービス）、Office of Strategic Initiatives（戦略企画局）の5つの部門が組織化されている。スタッフとして館長の諮問機関である Executive Committee（執行委員会：最高意思決定機関）が組織されていて、最高決議機関としての役割を担っている。さらに、スタッフとして Office of Librarian（館長公室）があり組織管理の役割を担っている。ちなみに、LC は、職員数 4,000 人、蔵書数 2,800 万冊、470 言語の蔵書規模である。

（4）組織の類型

　階層型組織は、官僚制組織ともいわれる。同時に、機械的官僚制（Machine Bureaucracy）でもあり、日常的な反復業務と規則を中心とする業務である。日本の図書館はこれに該当する。専門的官僚制（Professional bureaucracy）は専門職が多い組織であるが、欧米の大規模図書館がこれに該当する。もちろん、図書館における官僚組織には、意思決定の遅さ、稟議書を代表するような文書主義等問題はある。集中（集権）的組織（Highly Centralized Organization）は、図書館であれば館長、事務長の強いリーダーシップにより管理されているものであり、利点は、迅速な決定、高度な機動性、経営活動の集中化・統合化が謀られることである。

　また、チーム制組織やメイヨーにより提唱された上層部と下層部が経営管理の過程で参画する参加型組織がある。これの、目標管理（Management by objectives：MBO）とは、目標到達のための情報共有、業務分析を協同で行なうものである。主題による組織管理は、大学図書館や大規模な公共図書館で組織化されている場合が多い。例としては、人文科学、社会科学、自然科学という分け方や、カリフォルニア大学では、23 のブランチ（分館）にそれぞれの主題によって分けている。利用者群による組織管理としては、公共図書館では、

児童部門、ヤングアダルト部門、視聴覚者部門のように分けられている。大学図書館は、学生、大学院生、教職員、研究者と利用者で場所が分けられている。地域別組織となると、公共図書館では地理的な分散としての分館や、大学図書館のキャンパス別の分館として機能しているところもある。

（5）ピラミッドからフラット（パラレル）へ

現代の組織のなかで、階層的な組織はあまりにも機能的ではない。多くの成功している企業では、チーム制、参加型といわれる組織をつくり Quality Circles と呼ばれる組織内のチームワークを重視した意思決定をグループで行なう方法、Quality Control（品質管理）に対処する目的のために作られたグループとして機能させている。ここでは、図書館のピラミッド型とフラット型を比較する。

{ピラミッド型}
館長→副館長→・総務課（庶務課、会計課、システム管理課）
　　　　　　　・テクニカル・サービス課（図書係、逐次刊行物係、視聴覚資料係）
　　　　　　　・パブリック・サービス課（閲覧係、レファレンス係、相互貸借係）

{フラット型}
運営（戦略）会議
館長あるいは副館長（議長）
　↓　　↓　　↓　　↓　　↓　　↓
総務係、図書係、逐次刊行物係、閲覧係、参考係、相互貸借係
　↓
遂行グループ・「事務系：庶務係、会計係、システム係」
　　　　　　・「サービス系：図書係、逐次刊行物係、視聴覚係、閲覧係、参考係、相互貸借係」
　　　　　　・「戦略系：タスクフォースで組織化する」

フラット型の例：毎週1回、運営会議を開催し、報告事項、協議事項、懇談事項を議論し、それを組織の最高決議機関とする。そして毎回一定の結論に達

することで業務の遂行をスピィーディに運営する。もちろん、運営会議には必ず諮問機関としての会議体を設け、常にその経営チェックをしてもらう。大学では、学部長等の参加する評議会や、公共図書館では図書館協議会が組織化されていることがある。フラットのメリットは、・図書館員の士気が高まる・意思決定の質が高くなる・館員のコミュニケーションが正確になる・管理者と一般職員の関係が密になる・図書館の目的に対する職員の理解が深まる・統制過程の質の向上とその効果が上がる・サービスの質が高まる等の効果がある。

(6) 日本の図書館とその職員

　全国の公共図書館、専任図書館員数の推移を追うと次のとおりとなる。[6] 1993年14,444人、2002年16,290人、2003年15,840人、2004年15,580人、2005年15,228人というように、2002年をピークに専任図書館員の減少が2003年から始まっている。2008年にはついに、約18年前の1993年よりも減少して、13,103人になった。専任の減少分、非常勤の職員が増加している。公共図書館だけではないが、図書館の業務そのものが、人件費の問題を発端として、派遣および業務委託等へ業務担当者がシフトされている。この現象はともかく、図書館員としての専門性、プロフェッショナル・ライブラリアンの育成・養成については継続的に行なわなければならないが、このことへの取り組みが行なわれているかどうか、疑問が残る。司書、司書補の資格について再考する必要性と、修士レベルの図書館員を現場に輩出することと現場での育成も課題として残っている。

(7) 米国の大学図書館の館員数

　2000年現在、全米の大学図書館の数は、3,617大学である。[7] 図書館で働いている専任数は93,590人、うち、プロフェッショナル・ライブラリアンが26,469人、他の専門職が6,795人、専門職以外の図書館で勤務しているクレリカル・スタッフが36,350人、学生アシスタント（以下SA）が23,976人である。さらに図書館員の最終学歴を見てみると、専任のうち、博士課程修了が56,542人、修士課程修了が16,942人、学部卒業が6,451人である。プロフェッショナル・ライブラリアンごとに分けると、博士課程修了が15,083人、修士課程修

了が5,083人、学部卒業が1,994人、他の専門職では、博士課程修了が4,402人、修士課程修了が982人、学部卒業が423人、それ以外のクレリカル・スタッフが、博士課程修了23,470人、修士課程修了5,682人、学部卒業1,834人となる。SAでは、博士課程在籍者13,587人、修士課程在籍者5,195人、学部在籍者2,199人である。いずれにしても、日本の大学図書館の職員との大きな差は学歴である。このことが、専門職としての図書館員数の差につながり、結果的に図書館サービスの生産性の大小、質の高低につながるのである。

カリフォルニア州とニューヨーク州の2州の図書館数と職員数の実際についてみる。

カリフォルニア州、図書館数338館、専任数9,231人、プロフェッショナル・ライブラリアン2,264人、他の専門職が785人、それ以外のクレリカル・スタッフ3,846人、SAが2,337人である。ニューヨーク州は、図書館数250館、専任8,218人、プロフェッショナル・ライブラリアン2,459人、他の専門職831人、クレリカル・スタッフ2,952人、SA 1,976人である。これらの数字をみても、専任職員の約35%〜40%がプロフェッショナル・ライブラリアンと専門職で、約35%〜40%がクレリカル・スタッフ、25%〜30%がSAであり、プロフェッショナル・ライブラリアンの割合が多いことがわかる。

(8) 米国の学生アシスタント (SA) の労働環境

SAの図書館員のなかの割合が、全米の大学図書館で25.6%、カリフォルニア州の大学図書館では25.3%、ニューヨーク州の大学図書館では24.0%と、大学図書館員の4分の1はSAである。ここでは、彼らの労働環境の一部を紹介する。

|テキサスA&M大学|・業務内容：Interlibrary Service Department (ILS)
- ・ILSのサービス体制：24時間リクエスト可、一日800件処理、72時間以内サービス。
- ・職員数：専任1名、パラ・プロフェッショナル専任2名、非常勤1名、SA 19名（週246時間＝1人が2日勤務）。
- ・SAの評価：SAなくしてILSは成り立たない。文献調査、SAの伝統的な

役割があり、SAに対する研修は充実している。
- SAの業務期間：1年以内10名（52.8%）、1年間3名（15.8%）、2年間2名（10.5%）、3年間3名（15.8%）、4年間5.3%。
- SAの学年：1年生1名、2年生4名、3年生5名、4年生7名、大学院生2名の計19名。
- SAの勤務時間と勤務内容：2名が30.5時間貸出担当、6名が92.5時間借出担当、11名が141時間配送担当。
- SAの勤務態度：細かいアンケート調査をすることで、SAの研修と育成に取り組んでいる。一例を紹介する。「16名は、学生規則集を読んだことがない、3名は学生規則集に興味は持っている、18名は、定期的に管理者（専任の図書館員）が管理することは当然だと考えている、6名は、管理者の管理のしかたに反発を感じている」。
- SAの業務に就いたきっかけ：SAのうちの8名が、仕事と勉強の時間的なバランスにマッチしたと感謝しており、4名はバイト代が目的であった。4名は、人間として成長するためであると述べており、3名は、図書館業務を経験することが目的であった。
- SAを辞める動機：SAのうち、2名は、勉強の時間がとれないし、自分の主題との関係性がない、8名は、給料が少ない、3名が、仕事がつまらない、3名が図書館側の扱いが悪い、2名が管理者と合わない、1名が、仕事の雰囲気が合わない。2名は、卒業後も仕事を継続したい、7名は、完全に辞めたい、10名は、多分続けるであろうと述べている。

以上のことから、図書館側は次のようなことを目標にしている。特にセメスターの最初に図書館のポリシー、プロセス、SAの責任に、管理者の期待について、常に、ミーティング等を通じてSAに伝えることが重要である。彼らは、基本的には図書館に貢献したいと考えている。ライブラリーツアーやレファレンスもSAに対して尊敬と感謝を込めながらGood PerformanceやHigh Productivityを望みつつ教育・研修していく必要がある。このような継続的な調査が、SAと管理者のチャンネルを作ることになり、将来のプロフェッショナル・ライブライアンの出現のためには、あらゆる意味での図書館の職場環境を改善するための認識を持つことが重要である。

(9) 図書館長の資質

　同じ企業活動を対象にしていても、経営者の立場からみると「経営学」の領域になり、消費者の立場からみると「商業学」の領域であり、財務全体からみると「会計学」の領域、そして、産業全体からみると「経済学」の領域になる。様々な、企業活動を経営する経営者、トップ・マネジメントの視点から捉えてみると「経営学」の必要性が明確になる。図書館長は、図書館の経営者であるとすると、公共図書館の図書館長には、つぎのような資質が求められる。それは、①企画、計画、立案能力、②組織構成、職員指導、育成能力、③対外的折衝、交渉能力、④地域実情把握機能、⑤図書館運営の信念と実践する能力、である。

　公共図書館長の業務内容には、①資料の購入に関すること、②資料の利用に関すること、③職員の服務について、④施設・設備の維持管理に関すること、⑤関係機関等に対する照会ならびに回答に関すること等がある。図書館の管理職の資質とは、①バランス感覚、②フレキシビリティー、③バイタリティー、④人柄のよさ、⑤仕事に対する積極性、⑥柔軟性のある態度である。

(10) 専門的職員の確保と資質向上

　日本の現状では、図書館員として仕事を希望して地方自治体に採用されても、必ずしも、図書館で働くことは保証されていない。図書館員として大学職員に就職しても、必ずしも、図書館業務をするとは限らない。このことの要因は、自治体にしろ、大学当局にしろ、図書館、図書館員が専門職であるという認識が少ないことにある。もちろん、図書館側にも問題はある。図書館側がその経営について真摯に取り組んでいないことにある。その理由は、プロフェッショナル・ライブラリアンが経営に携わらないケースが多いからである。

　原因は、図書館は専門職がいなくても管理運営できるという安易な考え方である。日本においては、卵が先か鶏が先か、いつまで議論しても始まらない。The best is the enemy of the good.（最善は善の敵）の精神で、とにかく利用者へのサービスの向上のための方向性を持つ経営方針を打ち立てるところから、改革・改善していくことを、いま、始めなければならない。

2. 図書館における非公式な組織

(1) 非公式な組織とは：タスクフォースとしてのプロジェクト

　非公式な組織が、経営と一体感を抱くとき、その生産性は高まるといわれている。非公式な組織とは、トップダウンの事業計画だけでなく、規定されない事業計画のなかから、ボトムアップのかたちで、ある目的のために一時的に編成される。つまり、タスクフォース的なプロジェクトが生まれ、それが組織化されることを意味している。おのおのの担当者が、一定の研究材料にその意味を感じ、さらに数名の同様の興味を持った人たちが、その目的意識を共有し、とりあえず非公式なグループあるいは集団として集まり、動き始めることをイメージしている。この非公式なグループあるいはそのプロジェクトが、一定の成果を示し始めた段階では、トップ・マネジメントとして、そのことを大いに支援しさらなる生産物を求めることができれば、組織全体のプラス要因になる。

　一方、非公式な組織が、本来の目的と異なる方向にブレーキが効かずに突っ走り始める場合もある。さらに強力な組織になると、組織全体にとっては有害になるといわれているが、非公式な組織が成功する場合は、次のような場合と考えられる。

- ・非公式な組織の個別目標が、全体目標にも貢献が可能になるとき。
- ・非公式な組織ごとの意思の疎通、相互協力、相互理解が増し、褒賞組織体制ができるとき。
- ・組織が、非公式な組織に褒賞制度を導入するとき。
- ・非公式な組織で一定の成果を収めたスタッフに、組織的に各部門で働く機会を与えるとき。

　これらについて、「もの」は組織の内外から幅広く、または突発的に持ち込まれることがあり、同時に待ったなしの重要な場合がある。「ひと」は組織内の横断的なスタッフの非公式グループから選択できるのが理想である。「かね」は組織の内外から集めて基盤を作ることになる。大学図書館を例にとると、「もの」は研究者や教員からその要求・要望が持ち込まれ、「ひと」は図書館員のなかから適したライブラリアンをグルーピングし、「かね」は組織内の経常

予算、あるいは、予算外支出、事業計画の変更、外部からの補助金、寄付金、研究費等でまかなうことになる。

(2) 人間関係から見たリーダーシップ

　筆者は、フィドラーのコンティンジェンシーモデル（条件即応理論）を図書館のリーダーシップに適用した場合の、図書館業務とリーダーの関連について調査した。[8] コンティンジェンシーとは、偶発や偶然という意味で、リーダーシップ理論の中では、状況に応じて、効果的なリーダーシップのスタイルはさまざまであることを意味している。フィドラーは人間相互間の関係を測定することに興味があり、その方法をリーダーシップのスタイルの測定方法として、用いようと試みた。もともとQテクニックという分類法に精神療法によって患者を治療するという方法を導入したものである。この相関関係を求めた結果、評判のよい治療者は、自分の患者を自分と比較的よく似た患者としたのに対して、評価の悪い治療者は、自分の患者とまったく異なった人間であると考える傾向があることが判明した。「見かけの類似性」と呼ばれるこの測定は、精神的な温かさ、受容性、許容性を測る尺度と理解された。「両極端間の見せかけの類似性」すなわち ASO（Assumed Similarity Between Opposites Score）得点が高いということは、その人が自分の最も気に入る仲間と最も気に入らない仲間をよく似た人間と考えていることを示している。最近になってから、最も好ましくない協働者 LPC（Least Prefferred Co-worker）だけについて記述したものから得点を得て研究が進められている。因みに、アメリカ人の LPC の平均値を比較しておく。LPC のアメリカ人の平均値 3.71、企業経営者 3.89、高校生 3.85、協会役員 3.83、大学教員 3.69、図書館員 3.62、専門学校教員 3.61、郵便局第一線監督者 3.58、大学教員 3.37、郵便局中間管理層 3.18 である。

　フィドラーが行なった権限の尺度に関するリーダーと成員に対するアンケートについては、次の 18 項目のようなものであった。①リーダーの与えるほめことばのほうが他の成員の与えることばよりもありがたく受け取られる。②リーダーの賞罰には高い価値があり、その叱責は破壊的なものと受け取られている。③リーダーは賞罰を申請できる。④リーダーは彼の裁量において成員を賞罰できる。⑤リーダーは昇進、降格を命令（推薦）することができる。⑥リ

ダーは集団の活動を司会し、あるいは調整することができるが、その他の事項においてはその都度司会者あるいはリーダーとしての指令ないし承認を得なければならない。⑦リーダーの意見に対しては、相当の敬意と注目が払われる。⑧リーダーが特別の知識ないし情報を持っている（成員はそれを知らない）ために、彼が仕事のしかたや集団としての業務の進め方を決定することが容認されている。⑨リーダーは成員に対し、そのなすべきことについて、手がかりを与えたり、教示したりする。⑩リーダーは成員に対して、成すべきこと、言うべきことを言い聞かせたり言いつけたりする。⑪リーダーには、グループを動機づけることが期待されている。⑫リーダーには、成員たちの仕事を示唆したり評価したりすることが期待されている。⑬リーダーは、仕事について、優れたあるいは特別の知識を持っており、もしくは特別の指導をする立場にあり、仕事の実行は成員に課されている。⑭リーダーは成員各人の職場遂行を監督し、評価し、あるいはやり直しを命ずることができる。⑮リーダーは、自分自身の職務と同時に成員の職務をも知っており、必要に応じて自ら手を下して仕事を完成することができる（例えば、所有の情報をすべて使って自らリポートを書くといったこともある）。⑯リーダーは、実際の職場生活において、特別のあるいは公式の資格と地位を持っており、例えば、会社や組織のなかで特別の階級なり特別の事務所といったものによって、一般の成員より一段と高い立場に立っている。⑰リーダーは、例えば「君は将軍だ」とか「マネジャーだ」と指名されて、実験者から模擬的に特別のあるいは公式の資格が与えられている。この模擬的な資格は他の成員の資格より明らかに優越したものでなければならず、実験期間を通じて、単なる議長やグループ・リーダーの地位とは違ったものでなければならない。⑱リーダーの地位は成員の意向ひとつにかかっている。すなわち、成員はリーダーを交替させたり罷免させたりすることができる。

　フィドラーのこの理論は、1964年にContingency Modelとして発表されたが、LPC（Least preferred coworker）とされるもので、同僚に対して好意的なのか、苦手なのかを計測したものである。LPCの点数が高いリーダーは、組織に対して課題志向強く、苦手な同僚を好意的に評価するリーダーである。一方、LPCが低いリーダーは組織に対して人間志向が強く、苦手な同僚を避けようとするリーダーである。このリーダーのアンケートによるLPC結果と、

「リーダーと成員との関係」「仕事の課題構造」「リーダーのリーダーシップの強弱」を8分類のオクタントごとに調査を行なった。図書館の組織として生産性の高いほうから、低いほうに順番に並べると次のような結果になった。

1　良好な成員との関係、課題構造は非構造的、リーダーシップは弱い
　　（生産性は非常に高い）
2　やや悪い成員との関係、課題構造は構造的、リーダーシップは強い
　　（生産性は高い）
3　やや悪い成員との関係、課題構造は構造的、リーダーシップは弱い
　　（生産性はやや高い）
4　やや悪い成員との関係、課題構造は非構造的、リーダーシップは強い
　　（生産性は中程度より高い）
5　良好な成員との関係、課題構造は非構造的、リーダーシップは強い
　　（生産性は中程度より低い）
6　やや悪い成員との関係、課題構造は非構造的、リーダーシップは弱い
　　（生産性はやや低い）
7　良好な成員との関係、課題構造は構造的、リーダーシップは強い
　　（生産性は低い）
8　良好な成員との関係、課題構造は構造的、リーダーシップは弱い
　　（生産性は非常に低い）

注）　例えば、課題構造が構造的とは、図書館における利用者への間接サービスであるテクニカル・サービス（資料組織・管理担当）が該当し、非構造的とは図書館における利用者への直接サービスであるパブリック・サービス（利用者サービス担当）がそれに該当すると思われる。

　次に、リーダーシップ論について、ハウスが提唱したパス・ゴール理論の見地から、組織における職員のモチベーションのあり方について解説する。
　R. House の Path-goal theory of leadership[9]）は、基本的には企業のリーダーシップのスタイルとして次の4つを掲げているが、非営利としての図書館の組織に対しても通用する理論と考えられるので、図書館リーダー像の評価のひとつとして紹介されている。

①指示型リーダーシップ：課題志向が高いリーダーである。メンバーに対しては、何を期待しているかをはっきり指示する。仕事のスケジュールをきちんと設定し、仕事の達成方法を具体的に指示する。指示型のリーダーに対して、高い能力を持つ部下は不満を持ったり、不評であったりする。この理由は、部下の能力が高いにもかかわらずあまりにも詳細な指示を受けるために、部下が自分の能力を発揮する場面が少なくなってしまうためである。

②支援型リーダーシップ：部下との相互信頼をベースにして、メンバーのアイディアを尊重し、その感情にまで配慮するリーダーである。このリーダーに対しては、明確なタスク、目的、目標、業務を行なっている部下は、高い満足度を感じることができる。同時に、彼らは、業績として好成績をあげている。この理由は、部下たちが、仕事の目的、目標を持って、タスクをしっかり認識しているので、仕事の指示をする必要がないため、アイディアや感情に対して、彼らの経験や知識の未熟さをフォローする役割としてリーダーが存在するからである。部下には自分で考えさせ、よき相談相手の立場を取っている。

③参加型リーダーシップ：業務の決定を下す前に、メンバーに相談をする、あるいは彼らの提案を活用するリーダーである。このリーダーに対しては、責任の所在が自分にあると思っている部下は大いに満足するのである。この理由は、仕事に対して全幅の責任と信頼を請け負っているので、リーダーから頼られているという認識がより一層仕事へのモチベーションを高めることになる。

④達成型リーダーシップ：困難なあるいはレベルの高い目標を設定し、メンバーに全力を尽くすことを求めるリーダーである。このタイプのリーダーに対しては、達成目標が曖昧な部下であれば、努力すれば好成績へ結びつくという期待を部下に与えることで、部下たちは満足することになる。この理由は、部下たちに達成の目標を高いレベルに設定することで、部下たちが今まで発想がなかった、考えつかなかった目標に気づくと同時に、その目標に到達することはかなりの努力が必要であるが、もし達成できれば、そのことは好成績につながることであると認識することで、モチベーションが高まり組織としても生産性が向上する。

　組織の最終目的のひとつとして考えなければならないことは、人や組織の動機づけがなされなければならことである。期待理論を、パス・ゴール理論に適

用すると、「環境条件に適合した、リーダーシップ行動パターンが実行できているのか」を確認するには、目標を明確にして共有できているか、目標実現のための必要十分で具体的な戦略を共有できるか、目標を実現する意義やその成果がもたらす魅力を共有できているか、を確認することになる。その意味では、そのことの実現には、次の3つが不可欠である。リーダーの行動、環境的条件、部下の個人的な特性である。そのバランスを調整することで動機づけがなされる。

①リーダーの行動：指示型、支援型、参加型、達成（志向）型②環境的条件：業務の明確さ、経営責任体制の確立、チームの組織化③部下の個人的な特性：自立性、経験、能力。①の主流に対して②報酬を担保することで成り立つ話である。

このパス・ゴール理論の目的は、あくまでも組織として各課員が、仕事にモチベーションを持つことができることを目的として、組織の仕組みとしての精神的、物理的なスタンスを確立することにある。

（3）人的資源管理と企業の目的

20世紀の後半、米国の企業を中心に、成果主義という考え方が、導入され日本でも一定の評価を得ていた。ところが、ここ10年の間に最近では、その取り組みに対して日本流の見直しが始まっている。本来の人間の価値・さまざまな価値観を無視した、利益・成果のみに対する資本原理主義が横行したことで、多くの組織で課員のモチベーションが下がった結果として、企業・組織の業績は落ち込んでいる。元気な企業・組織は人材・人財、また人は宝であるという意味での人宝を大事にするところである。どんな組織でも、「ひと」「もの」「かね」が大事であるが、物と金は人が作りだすことを忘れてはならない。

従業員の能力を引き出すことに関して、20％～90％は仕事に対する動機づけが左右している。モチベーションがあれば、人は能力を高めそして成長していく。つまり組織の成長は、「人間尊重：人を育て人につくす」「人材は最大の資源である」「人間本位の経営」に尽きることになる。成功している企業は、経営理念に「個」の概念が必要であること、経営戦略と人的資源管理が一致していることを明確にしている。つまり、成果主義と年俸制が人事政策の目標に

なっている組織・企業は成功しない。

　人材管理の考え方と方法については、組織行動マネジメントの「採用」「研修」「キャリア開発」「業績評価」に触れておく。[10]

　米国の組織における、マネジメント組織行動の成果を、その採用、研修等を通じて、図書館員の育成のために利用し、さらに加工していくことで図書館員の育成についてこの手法を利用することができないかを模索する。

　図書館員の「採用」については、面接、筆記試験、実務試験が挙げられる。面接は、幅広く活用されているばかりではなく、採用のツールとして重視されている。面接結果は採用決定に非常に大きな影響がある。面接がうまくいかないと、経験、試験の点数、推薦状の内容にかかわらず候補者から外されてしまう可能性が高い。逆に言うと優れた能力がなくてもテクニックによって面接に長けた者が採用されることもある。研究結果によると、候補者の知性、モチベーション、対人スキルを評価するうえで、面接は最も有効な手段であるとされている。実際には、面接を行なっている組織の大半は、具体的な業務に関わるスキルに加えて、候補者のパーソナリティの特性、個人的な価値観などを観察して組織の文化やイメージに合った人材を面接で探しだそうとしている。具体的には、サウスウエスト航空、ディズニー、マイクロソフト、P&G 等の企業である。[11] 筆記試験は、差別的であるという理由で、アメリカでは1960年代の後半から1980年代の中ごろまで利用する組織が低下していた。現在では、アメリカの組織の60％が筆記試験の重要性に気づき採用している。その理由は、知能テストが、認知的複雑性を要する業務については、有効であるとの結果が出ているからである。同時に、組織の倫理問題に対応できる能力の測定のためにも、筆記試験を通じて、信頼性、注意深さ、責任感、誠実さといった要因を測定することができるとされている。これらの信頼性、注意深さ、責任感、誠実さは図書館員の業務に対する大切な感性である。例えば、トヨタは3日間にわたって面接と筆記試験を科しているが、筆記試験には特に読解、算数、機械的器用さ、協働作業能力などに焦点を当てている。実務演技試験は、実際にその業務をやらせることでその能力を測定している。ワークサンプル法とアセスメントセンターで行なわれるものとの2つがある。前者は、候補者が業務の一部あるいは全体を実地で演技する試験である。例えば、BMWでは、演技用に

特別に設置された組み立てラインに立ち、90分間で典型的な数々の課題に取り組む。研究結果では、このワークサンプル法が適性やパーソナリティを評価するうえで、筆記試験を凌ぐものとされている。アセスメントセンターで実施するものは、より高度なものである。つまり、マネジャーとしての潜在能力の有無を測定するものである。このことについては、採用ツールとして非常に高い評価を受けておりマネジャー職採用にすぐれた結果を得ている。[12] この実務演技試験による図書館員採用は、重要なことであると認識している。もちろん、その演技試験の内容も重要であるが、他の多くの図書館の採用試験の共通性を持たせるものにできれば理想的である。

　アメリカにおける組織の「研修」については、基礎的な読み書きスキル、技術的スキル、対人スキル、問題解決スキル、多様性研修、倫理研修、キャリア開発、組織の責任、従業員の責任等の開発プログラムが実施されている。対人スキルとは、多くの従業員は作業ユニットに属しているため同僚や、上司とうまく関わっていくためには、対人スキルにかなり左右される。このような研修では、傾聴スキル、アイディアを明確に伝えるスキル、優れたチーム・プレイヤーになる方法等を学ばせる。問題解決スキルは、マネジャーや非定型業務に従事する多くの従業員は、問題解決のための研修を受けなければならない。それは、ロジック、推論、問題特定スキル、問題の原因評価、代替案の策定・分析、解決策の選択といったような具体的なスキルを向上させることで、自己管理型チームの質を上げるための基本的な研修になっている。[13] 図書館員のもともとのレベルを考えた場合、図書館員の研修にアメリカの研修計画のままで通用するかという問題点はあるが、図書館員がもともと苦手で、これからは必要な技能としてはより優れたチームプレイヤーにならなければならないことは、間違いがないことである。

　高齢化への配慮を高めることを目的とした研修では、次の4つの質問に答えさせている。（1）自分の年齢を知らないと仮定したら、自分は何歳であると思うか。つまり、心の中で自分は何歳と感じているか（2）自分が18歳の頃は、中年とは何歳と考えていたか（3）現在、中年とは何歳からの人をいうか（4）他人から「年配の従業員」と呼ばれたら、まずどのような反応を示すのか。これらの回答をもとに、固定観念を分析して、過去における特定のグルー

プの人との問題を明確化し今後の改善に役立たせる。アメリカの企業1000社のうち75％が倫理研修を受けている。この意味は、幼少の頃からの価値観に従って倫理観を持っているが、大人になっても倫理研修によって、倫理的ジレンマを認識し、自分の行動の根底にある倫理問題に対する認識を認め、深め、組織あるいはメンバーに対して倫理的な行動を期待することも可能になるからである。研修方法は、公式研修と非公式研修、職場研修と職場外研修に分類することができる。公式研修は事前にすべて用意されたもの、非公式な研修は、状況や参加者に合わせて作り上げる方法である。職場研修は、ジョブローテーション、見習い、実習が挙げられる。職場外研修として最も有名なものが、マクドナルドのハンバーガー大学における2週間コースである。店長やフランチャイズ経営者に向けた業務の充実化、設備管理、対人スキル研修を組み合わせたものである。キャリア開発は、20世紀中の大半において、社員はひとつの企業で働くことを常としていた。現在では、こうした構図は大きく変化し、崩壊している。不確実性が高まっている現在、マネジメントは業績よりも柔軟性を求めている。組織においても、フラット化により昇格の機会も少なくなっている。その結果、キャリア計画を行なうのは、雇用主ではなくて従業員に課せられているのかもしれない。常に最新のスキル、能力、知識を身につけ、将来必要となる新しいタスクに向けて準備しなければならない。[14] 高齢化した図書館員また長期にわたり図書館以外の職場をまったく経験したことのない図書館員の職場への認識を確認させることは重要である。図書館業務そのものの視野が狭くなり、結果として新しい業務への取り組みがでてこない恐れがあるためである。

　図書館員の職場外での研修および図書館員が継続的にスキル、能力、知識を向上させるための支援策は、次のようなことである。①組織の目標や将来的な戦略を明確に伝える：図書館員が組織の方向性を理解していれば、そうした将来像に合わせて個人的な計画を策定することができる。②成長機会をつくり出す：図書館員に対して、新しく興味深いかつ専門的にやりがいのある業務を経験する機会を提供する。③財政支援を提供する：図書館は図書館員に対し、最新のスキルや知識を身につけるための支援策として、例えば、補助金制度を設ける。④図書館員に対して学ぶ時間を与える：組織は図書館員に対し、有給で

職場外研修に参加させる。また、仕事の負荷を軽減させ、図書館員が新しいスキル、能力、知識を身につけるための時間的余裕を持てるように配慮する。一方、前述のとおり組織の研修による図書館員の育成に対して、図書館員が自分自身で「キャリア」を作るための責任を持たなければならない。そのことに成功するためには、次のことが要求される。①己を知る：自分の長所と短所を把握する。図書館長に対してどのような能力をアピールできるのか。個人のキャリア計画は、自分自身に正直になることから始める。②自分の評価を管理する：自慢していると思われないように注意しながら、所属する組織内外の人々に対して自分の功績を伝える。自分自身および自分の業績をアピールすること。③人脈ネットワークを構築・維持する：人材の流動性が高い図書館界では、人脈を築く必要がある。地元や全国規模の専門職協会への参加、会議への出席、懇親会での人脈づくりに努めること。④最新の技術を身につける：需要の高い特定のスキルや能力を身につけること。他の企業では即戦力とならないような、ある特定の組織でのみ通用するスキルの習得は避ける。⑤スペシャリストとしての能力とゼネラリストとしての能力をバランスよく身につける：専門分野における最新の知識を維持していくことは必要であるが、絶えず変化する職場環境に多面的に対応することができるよう、ゼネラリストとしての能力も習得しなければならない。ひとつの専門分野や狭い産業のみに特化してしまうと、人材としての流動性が損なわれる。⑥自分の功績を記録する：図書館の管理者側が、肩書きよりむしろ実績に注目する傾向がますます強まっている。常にやりがいを高めてくれるような、また自分の能力を客観的に証明してくれるような仕事や業務を探すこと。⑦選択肢を広げておく：必要なときに頼ることのできる代替案を常に準備しておくこと。所属するグループの解散、部署の規模縮小、プロジェクトの中止、買収などはいつ起こるかわからない。「最善を望み、最悪に備えよ」とは月並みな考え方ではあるが、依然として有効なアドバイスといえるであろう。[15)] これから図書館で働く図書館員に求められることは、戦略が組めること、自分の評価をもっとアピールできること、他の図書館、図書館員とのネットワーク、コミュニケーションを図ること、サービスのライフサイクルを意識すること、専門職としての自覚を持つこと、自分の業績を残し部下に引き継ぐこと、前向きに業務展開を考えながら、撤退の時期も考慮しながら

図書館の管理運営に関与することである。

　図書館員の評価には、例えば、「態度がよい」「自信に満ちている」「信頼できる」「協力的」「よく動く」「経験豊か」等もその特性のひとつになる。誰がそれを評価するかについては、伝統的に上司が課員の評価を行なうことになっていたが、昨今は、実際には他のもののほうが評価の仕事をうまく遂行できる場合があると考えられている。図書館員に対する360度評価の目的は、図書館の利用者すべての人からフィードバックを収集することである。図書館員は、外部利用者、他部署の担当者、内部利用者、同僚またはチーム・メンバー、部下、上司、図書館長から評価を受ける。このことが可能になれば、審査プロセスに全員が参加しているという感じが高まり、従業員評価についてより正確な評価が得られる。

　図書館業務のなかで、タスクフォース的な業務のグループ順位評価は、図書館員を一定のグループに分類する方法で、例えばトップグループ、トップから2番目のグループなど5つの順位グループに分ける。この方法は、図書館員をランク付けをすることになる。この際、特性よりも行動を重視するとすると、忠誠心、自主性、勇気、信頼性および自己表現などの特性が図書館員として望ましい特性であると直感的には感じられる。問題は、その特性が高い図書館員が低い図書館員と比べて業績を高く上げているかどうかである。つまり特性だけでは判断できないということである。その場合は、最高得点と最低得点を切り捨て、残りの得点の合計から最終評価を下す。複数評価者の論理は組織にも当てはまる。このような研修効果は時間の経過とともに減少する傾向があるため、定期的な確認研修のセッションが必要である。

　マイクロソフトがユーザー対してコンピュータの使い勝手を評価してもらうプロジェクトを実施した結果について、ビル・ゲイツが次のような報告をしている。「あるコンピュータを利用しているユーザーに、その性能について同じコンピュータ上で評価してもらうと、前回に比べ非常に批判的な評価だった。ユーザーが最初のコンピュータに対して「面と向かって」批判することを躊躇した点は、たとえ相手が機械であると分かっていても、相手の気持ちを傷つけたくないと考えていたことがわかる」。第二の理由として、多くの従業員は自分の弱点を指摘されると防御的になるとされている。フィードバックを前向き

に受け取り、業績を向上させるための参考とするのではなく、従業員の中にはマネジャーを批判したり、非難の矛先を誰か他の人に向けたりすることにより、与えられた評価に対して異議を申し立てる者もいる。そして第三に、従業員が自分自身の業績について過大評価する傾向にある点が挙げられる。統計的に見ると、全従業員のうち半数は平均以下の業績しか上げていない。しかし、研究結果によると、平均的な従業員は自分自身の業績水準について、一般的には上位25％のグループとその次のグループの境目あたりに該当すると考えている。たとえマネジャーがプラスの評価を与えたとしても、部下のその評価は十分でないと考える可能性が高い。図書館員における平均的業績水準をどこに当てはめたらいいのかは、簡単に説明できないが、担当ごとの業績評価とそのことに関与した図書館員との総合評価で業績水準を考えなければならない。

　チームの業績はどのように評価するか：業績評価の概念は、以前は個人であったが、組織はチームを軸に再構築されることが多くなっている。このようなチームを軸にした組織の業績をどのように評価すればいいのかを、チームの業績を評価する仕組みのあり方として次の4つが提唱されている。①チームの成果を組織の目的に結びつける。つまりチームとして達成すべきことを測定する方法を見出すことが重要である。②チームの顧客とそのニーズを満たすために実施すべき業務プロセスから始める。つまり、顧客が受け取る最終製品は、顧客が要求している要件に従って評価することができる。チーム間の取引は、配送および品質に従って評価できる。また業務プロセスの段階では無駄な時間とサイクルタイムによって評価できる。③個人およびチームの業績の両方を評価する。つまりチームの業務プロセスを構成する事項に関して各メンバーの役割を定義し、それから各メンバーの貢献とチーム全体の業績を評価する。④チームで独自の評価方法を見出すよう訓練する。つまり、チームの目標や各メンバーの目標を定義することで、チームにおける自分の役割理解が確実になり、チームの団結力向上につながる。グローバルな視野に立った業績評価：アメリカやカナダの組織では、個人の活動はその個人に責任があると考える。これは、アメリカやカナダでは個人が環境を支配できると考えているからである。例えば、中近東の国々では、業績評価が広く用いられることはないだろう。これらの国のマネジャーは環境が人々を支配すると考える傾向があるからである。ア

メリカでは、短期的な時間の枠組みを重視する傾向があり、そのような文化では業績評価は頻繁に、少なくとも年一回は実施することになる。イスラエルの文化はまた面白く、グループ活動に重きを置く傾向があり、北アメリカのマネジャーは個人の業績評価を重視し、イスラエルのそれはグループ全体の貢献や業績を重視する傾向が強い。[16] 日本の図書館における、チーム業績の向上、評価については、各国の企業のあり方をも参考にしながら、タスクフォース的な図書館業務の安定した定着を目指していきたい。

　企業の目的は、実は利益ではない。利益とは、企業が存続するためのコストであるともいえる。[17] 古典は経済学者のマルクス、ケインズも経済発展と利益について、明確な理論的な説明をしていない。しかし『経済発展の理論』を著したシュンペーターは、「個人が貯金を蓄えていなければ、病気や失業した時に困り、他人に迷惑をかけることになる。個人にとって、貯金は、いざという時に備えるために必要なものだ。一方、民間企業は存続する責任を果たすために、利益を上げて蓄積しなければならない。企業が倒産したり、破産したりすれば、社会に与える損失は計り知れない。利益は企業が存続するために必要なものであって、儲けのことではない。企業は利益を追求することによって利益を手に入れ、従業員に給料を支払い、設備を買い、工場を建てる。再生産のために投資をせず、いつまでも古い設備を使っていれば、時代遅れになって、能率は下がり、コストが上がり、競争力を失って倒産してしまう」と説明した。また、「企業は存続する責任を果たすために利益を手に入れ、手に入れた利益によって絶えず設備を更新したり、人を雇ったり、新製品を開発していかなければならないのである。設備を買う金も、従業員の給料や退職金として支払う金も、企業が利益を上げて手に入れた資金に基づくものだ。そしてそれらは、『儲かったら払う、儲からなかったら払わない』と言って許されるものではなく、必ず支払わなければならない待ったなしの金である。であるがゆえに、利益とは単なる儲けのことではなく、(中略) 企業の存続にとっても社会にとっても必要なのである」とした。[18] このことは、歴史上初めて「利益の追求は、反社会的なことではなく、社会的に正しい行為である」と理論的に説明され、さらに、「資本主義は人の道に反しないシステムである」と立証されたのである。福澤も述べている。「私利私欲はやがて公益に変わる」と。

（4）図書館経営の組織的発想とは

　リーマンショックに端を発する今の不況はいつまで続くのか。現在は、本当には不況ではなくて、必然的な変換期とも考えることができるのではないか。企業において、なぜ非営利組織が必要なのか。図書館の非営利組織に、営利組織的な発想は必要なのか。多くの、要点、問題点を次のとおりまとめておく。

　情報社会とは、情報が中心的なリソース（資源）になる社会である。これは、権力とか権限によってコントロールできないものである。そのためヒエラルキー型の組織の作り方はその有効性をだんだん失っている。一人ひとりのメンバーが、それぞれの目的をもって全体に貢献していく。つまり、企業の行動原理に変わって、NPO などのソーシャルセクターの動きが情報社会にふさわしいものになっているのである。基本的には、人間は、社会にコミットして自分でも世の中を変えていきたい、他の人たちの力になりたいと考えている。つまり、社会に参加したいと考えている。したがって、さまざまな関心エリアを持った組織がたくさんできるようになる。このような社会が到来して主流になってくるだろう。そして、それぞれの責任のもとで、一人ひとり行動することではなくて、組織として行動する必要性が生じる。つまり、自律的組織が中心的存在になっていく。

　非営利組織は、お金を儲けることが目的ではない組織で社会的な関心を第一の目的にしている。このため、非営利組織にはマネジメントが必要ないと考えがちである。あるいはマネジメントを無視しがちである。非営利組織の人たちは、自分たちはよいことをしている、社会のために役に立っていると思いがちである。その要因は、活動すること自体が目的化してしまい、結果を出し評価を受けることに消極的になってしまっているからである。営利組織では、善意だけで世の中は変わらない、つまり、ビジネスは収益性という見やすい基準があるが、非営利組織にはさまざまな人がいろいろな思いで参加しているため、評価するべき明確な基準がない。非営利組織の人たちには、組織責任者の人が、どのようなリソースがあり、どういう技術と技能があり、社会の問題をどのように解決していくのかをはっきり示すことが必要である。

　大企業が優位性を失いつつある原因のひとつは、世界経済の情報がないことである。ある意味では、中小企業は、自分が直接携わっていた市場、専門化さ

れた技術、特定できる顧客、従業員、サプライヤーについて熟知しており、このことへのアドバンテージがある。先進国諸国では、優秀な若者が大企業へ行きたがらない傾向がある。大企業はあくまでも訓練の場所であり、先々に中小企業あるいは起業を目指しており、そこでは直ちに責任のある立場につける。先進諸国では、大学でもそのことは同様である。大規模大学のメリット、デメリットに注目しており、大学の規模・銘柄ではなく本当の意味でのメリットがある大学を目指している。

　現代の日本人、特に大学生が今どのような価値観を持って社会人を目指しているのかを、高橋徹の『日本人の価値観』[19]のなかの就職先を探すときに若者たちが重視することから、他の国との相違も含めて、価値観の世界ランキングからその若者像を探ってみる。①「給料（給料が良く、お金のことを心配しなくてもよいこと）」を一番重視する国は、1位アゼルバイジャン、2位ボスニア・ヘルツェゴビナ、3位グルジア、4位リトアニア、5位ウクライナ、以下15位ロシア、26位インド、32位アメリカ、37位中国、42位ブラジル、43位韓国、51位ドイツ、日本は53位である。就職によって、経済的な貧窮から逃れたいとの要望がそのことに反映する。同時に、アメリカや日本また、イギリスのように上位にランクされないのは、働くことの根本的な意味を求めていることがあると思われる。②「安定（倒産や失業の恐れがなく、安定していること）」を一番重視する国は、1位マケドニア、2位韓国、3位台湾、4位フィリピン、5位ウガンダ、以下16位インド、18位ドイツ、22位ブラジル、27位日本、35位中国、44位ロシア、53位アメリカである。日本がこのランキングの中間点にあるのは、国としての安定感がアメリカ、ロシアほどないが、ドイツ、韓国、台湾と比べると国の経済が安定していると大学生には映るのである。③「同僚（好感を持てる人と一緒に仕事ができること）」を一番重視する国は、1位日本、2位トルコ、3位ドイツ、4位スウェーデン、5位グルジア、以下、6位ブラジル、17位アメリカ、27位中国、28位ロシア、44位インド、55位韓国である。日本が自分の職場において最も重視しているのが、同僚となっている。しかし、職場の良い雰囲気を求めるから、競争の論理がないとはいえない。例えば、競争社会であるアメリカでさえ同僚を望んでいるのは、職場における一定の質を求めていると考えられる。いい仕事をするためには、能力のある同僚と協力し

ながら生産性を高めていくことがその根底にあるように思われる。④「達成感（何かを成し遂げたいという気分にさせてくれるような重要な仕事ができること）」を一番重視する国は、1位ノルウェー、2位スウェーデン、3位カナダ、4位オーストラリア、5位アメリカ、以下、16位日本、17位ブラジル、21位ドイツ、23位韓国、26位中国、28位ロシア、45位インドである。人のためにあるいは社会のために何かをしたい、人間として役に立ちたい、ということの表われであると思われる。ある意味では、ボランティアとしての社会貢献の意識が高い国のランキングは、当然、上位にランクされると考えられる。北欧の上位、アメリカの5位、ソーシャルセクターに対して少し地に足がつき始めた日本の16位も妥当性があると思われる。

　企業とは一体どのような組織で、何のために存在しているのであろうか。企業に対する期待は、お金を寄付してくれること、従業員がコミュニティ活動に参加することを奨励すること、コミュニティ活動を従業員の表彰や昇進の重要な要件とすることなどである。アメリカの場合、企業人でも、非営利のコミュニティで2人のうち1人がボランティア活動に従事している。非営利組織においては、人のマネジメントとはどうあるべきかを次のように整理することができる。給料等の待遇以上に働く義務はない。働く動機づけが必要である。明確な使命感を持つこと。他人のために働くことの訓練を重ねること、そして、動機づけをして、意欲を喚起することである。非営利組織であっても、マネジメントをうまく行なえば資金マネジメントも同様にうまく運用することができる。ただし、これらの基金は、寄付金や補助金で運用するわけだが、その使い方については、当然のことのように社会的責任を問われるのである。

　一方、企業はできないことをあきらめる判断、決断をすることができる。つまり、企業が優れているのは「うまくいかないことをあきらめる方法」を知っていることかもしれない。このことも社会における貢献の限度を知ることで、身の丈の判断ができることになる。もちろん、企業は上司あるいは執行部の判断でそのことは決定される。NPOのような組織では、構成員は同僚である。ボランティアには上下の差はなく、パラレルなそしてフラットな組織での情報の共有化によって、コンセンサスの確認による仕事の拡大が容易である。非営利組織に最も必要なのは、優秀なリーダーがいることである。「これをやろう」

という者で、上下関係ではなくリーダー的な役割を演じられ尊敬できる人の存在である。

非営利組織をオーケストラと同様な組織と模して[20] ここでオーケストラと図書館の対比を紹介する。

①団員は、それぞれ自分の楽器を演奏する：図書館員は、それぞれ自分の担当（レファレンス、選書、目録等）を実施する。
②団員全員は、同じ楽譜を演奏する：図書館員は、同じ規則・目的に基づき業務を実施する。
③優れた指揮者のもとでは、団員と指揮者の双方向のコミュニケーションが成立している：優れた図書館のリーダー（図書館長）のもとでは、図書館員とリーダー（図書館長）の双方向のコミュニケーションが成立している。
④何を演奏するかは、指揮者が決定する：図書館業務改革の何に着手するかは、リーダー（図書館長）が決める。
⑤団員は、自分のパートをどう演奏するかを決定する：図書館員は、担当している図書館員の能力を理解したうえで、業務指示を与える。
⑥指揮者は、自分が演奏できない楽器でも、団員が演奏できることは心得ている：リーダー（図書館長）は、自分では経験したことのない仕事でも、図書館員がこなせることを良く知っている。
⑦同じ楽譜を軸に指揮者は演奏方法を考える：同じミッション（使命）を軸に、リーダー（図書館長）は、図書館のサービスの向上あるいは業務改革を考える。
⑧指揮者はただ一人で、団員との間に中間管理職（層）はいない：リーダー（図書館長）はただ一人で、図書館員との間に中間管理職（層）はいない。

このことで、フラットな組織、パラレルな組織が成立する。

企業には、しなければならないことが2つある。ひとつは、利益を高め、資本コスト以上の利益をあげることであり、つまり経済的なパフォーマンスをあげることである。もうひとつは、コミュニティに貢献することである。企業人とは、コミュニティで働いている人のことである。病めるコミュニティから企業は成長してこない。コミュニティの人々が、働くか、働かないか、自らに誇

りを持つか持たないか、顧客を尊敬するかしないか、そうしたことは端的に起業の結果としても現れてくる。

　真の自己利益とはなにか。自己利益として金儲けを一生の目的としている人はいる。そのことは必ずしも真の自己利益の抹消とする必要はない。金銭的な社会貢献もあり得る事である。金銭的な自己利益を無理やり抹消することで、むしろ逆に、汚職、増収賄等がはびこりコミュニティ、企業の崩壊につながることもあり得る事である。自らを人類、国家、コミュニティ、家族の一員であると認識し、他人に貢献することで、自らを豊かにすることができる。このことが真の自己利益である。そのことを職業人として、確認するために自分たちの測定、判断、方向づけを可能にするツールを以下にまとめておく。

　①自分のミッション（使命）は正確であるか
　②自分のミッション（使命）に合意しているか
　③自分の得意とするものは何か
　④自分が出すことができる結果の分野は何か
　⑤自分たちがやるべきことは何か
　⑥自分たちが手をつけるべきではないことは何か
　⑦結果を出すために自分は何を習得すべきか
　⑧結果を出すために自分は何を変えるべきか
　⑨自分は何をあきらめるべきか
　⑩いつまで、どこまで、だれが、いくらで、について自分なりに明確にできているか。

　これらの基準をもとに、それぞれの図書館がそのニーズに則して方向性を決めることも需要である。いずれにしてもそのゴールは同じかもしれない。専門職としての図書館員を育成することはもちろん重要である。主題をもって図書館で図書館員としての実務に携わることでノウハウを身につけることもある一方、司書の資格を持ち、図書館の仕事をしながら、研究者として主題を学んでいくことも、ライブラリアン育成の一つのトラック（道筋）である。

3. 図書館の管理運営

　図書館の業務には、閲覧・レファレンス・資料整理などの中心業務の他に、図書館の維持管理のための管理業務もある。ここでは管理業務のうち、人事管理、予算管理等について、実務上のポイントや現状を挙げておく。

（1）人事管理
①人事異動・人事評価
　図書館における人事管理は非常に重要である。専門職育成のために、中長期の人事計画を作成する必要がある。3年ごとに3部署を経験させるなど一定の異動を行い、向き不向きも勘案し、ビブリオグラファー（書誌専門家）として育成するか、アドミニストレイター（管理者）として成長させるか考えて育成することも重要である。

②就業管理
　図書館の開館時間は、徐々に延長されている。大学図書館でも土曜・日曜開館、平日の時間延長等、開館時間の増大は顕著である。これにより、図書館員の確保が不可欠になっている。これについては、時差勤務や手当の補充が対応策のひとつとして実施されている。また、専任、非常勤、嘱託、業務委託、人材派遣、アルバイト等、図書館員の雇用形態の多様化で凌いでいるのが現状である。このことで、開館時間ごとにサービス内容もその質も異なることが現実にはあり、利用者サービスに影響も出ている。

③研修計画
　図書館員育成のための研修計画は、継続的に行なわれている。しかしながら全体的には、経済状況の影響もあり縮小されている。同時に、古い体質の、あまり効果の無い研修も相変わらず存在している。研修場所に集合して、講義・講演を中心に初歩的な板書形式のものも多いようである。私の経験では、大学図書館員の研修で最も効果があったのは、ライブラリアンのエクスチェンジ・プログラムであった。海外図書館の図書館員との交換留学・研修である。具体的には、米国やカナダの大学図書館との交換研修で、専門性の向上や職員の意

識が上がるなどの実績を残している。お互いに、6ヵ月の期限内での交換でそれぞれの給料は、相殺する形で実施した。日本におけるプロフェショナル・ライブラリアンの育成、つまり研修計画は、時間をかけてじっくり本腰をいれてかかわらなければならない。

④職員構成

前述のとおり図書館員も多様化している。このことの目的は、図書館サービスの向上のために企画したことではなく、人件費を中心にした、経済状況、経営状況の影響から考えられた、緊急避難としての職員構成であり、利用者サービスの向上のための人員配置でないことは明らかである。

(2) 予算管理

①予算計上

事業計画に基づき予算案を作成していく。このことを支えるのが組織であり人材である。図書館も含めた非営利組織の予算は、毎年の予算額、例年の予算額を、新規の事業計画というよりも例年どおり、前年度を下回ることのないように予算案が決められる。図書館では、図書費についてこのことが顕著である。必要な図書費を必要な時期に購入するための予算案とすべきである。

②予算執行

図書費の例を紹介する。年度末の時点でもし図書費が潤沢で余っていると、駆け込み発注という現象が起こる。今年度内に予算を執行しないと次年度では予算が削減されるという恐怖心からである。予算執行の際、もちろん、相見積もりの励行と情報の重複のない入手のような、効率のいい運用が求められる。

③決算報告

多くの組織は、決算は年度末に締めて、単年度決算として処理される。もちろん、このことはルールであるので、規則を変えることは困難である。しかしながら、図書館の組織においては、柔軟な対応のひとつとして次のことを提言したい。それは、貴重書あるいは図書以外の電子媒介を中心にした情報の入手である。貴重書であれば、それが和漢書であっても洋書であっても、購入のタイミングが非常に難しい。つまり、非常に価値の高い図書が出現しても予算が足りずに購入できない場合、一方では、予算が潤沢なのに、実際に価値のある

図書が出回らないこともある。このことを解決するひとつの方法として、複数年度決算方法の導入が考えられる。前年度予算が余った場合、それは、予備費として貴重書類あるいはデータベースや電子ジャーナル等の比較的高価な資料の購入のためにストックしておく方法である。この方法を実際に採用して、運用しているいくつかの大学図書館は存在している。この予算管理による成果は、文化の継承という意味で、その役割は非常に重要である。

④予算内容

図書館の特徴として、図書支出と図書資料費は区別されている。図書支出とは、図書そのものの購入で、図書館で財産管理するもので、同時に減価償却としてその資産として計上しなければならない。一方、図書資料費は、逐次刊行物を中心とした雑誌、紀要、新聞等のもので、雑誌の場合は、製本が完了した段階で資産として計上されるものである。

⑤資本収支と消費収支

各家庭の普通預金と定期預金という考えと同様である。年間で回る消費収支で、底がついてしまった図書予算は、いわゆる、定期預金を切り崩して情報を購入する方法が可能であれば、資本収支で解決することができる。しかしながら、予算に縛られる単年度決算の難しさを避けるためには、事業内容の変更をして予算ベースの運用を変更することで、入手が可能になる。

(3) 図書館の会計基準

図書館の経営資源は、公共図書館であれば国や地方自治体、大学図書館であれば、大学等からなる。最近、図書館経営に対する一般市民の関心も高まり、情報公開の動きとも併せて、自治体の経営情報の公開要求、つまり、貸借対照表、発生主義的会計方式へ関心が高まってきている。公共図書館では、指定管理者制度の導入も盛んになっているが、その原因は、財政事情の深刻化にほかならない。社会の高度化による財政需要の拡大は、自治体における公会計の原則を現金主義から発生主義へと転換させ、従来の予算と決算の報告の出納状況の公開に加え、複式簿記による貸借対照表の公開が求められるようになってきた。現金主義とは、現金が出入りする時点で損益を計算する方法である。商店などは、商品の売れたところからその損益が発生するが、一般の企業などは、

大きなお金を扱うので、その場ではお金のやり取りはせずに、代金の回収は数ヵ月後になる。つまり、取引が成立した段階で、帳簿上には損益を記載する方式が発生主義といわれるものである。このことは、図書館にも及ぶものと考えられる[21]。2001年1月から全省庁に対して政策評価制度が導入されたが、図書館に対しても前述の方式が求められている。

　大学図書館の世界でも国立・公立・私立大学図書館がその財源を有効に支出し、経営が効果的に行なわれているかを立証するとともに、継続的に図書館への十分な予算配分を可能とするために、設置組織からこのような貸借対照表を求められる可能性が出てくる。図書館が会計報告を単年度の予算収入の支出報告である決算報告にとどめ、予算を投下した所有資産の状況を貸借対照表として明確にしないのは会計上不自然ではあるが、図書館会計が馴染まないという根拠は、営利組織を対象にした会計は発生主義の原則を採るのに対して、官庁では現金主義の原則を採っているという理由以外は考えられない。ここでいう現金主義とは、現金が出入りする時点で、損益を計算する方法である。例えば、1億円で買い付けた商品が2億円で売れた場合、取引が現金1億円のプラスになる。その取引の時点で、収益が出たということになる。商店などはこの方法が普通であるが、一般企業の場合は、取引額が大きいので、現金はその場ではやり取りされない。代金の回収は2ヵ月後になるなどということになる。そうすると現金主義ではなくなる。そこで使われるのが、発生主義である。実際に代金が回収される段階ではなくて、実際に取引が成立した時点で損益が帳簿上で利益が出ているのに、現金は動いていない場合のことである。

　図書館に貸借対照法が存在しないという、会計未確立の理由としては次の3つが挙げられる。①図書館の会計は設置組織の会計原則に即して、現金主義会計を採用したのであって、特に発生主義での会計方式は採用されなかったこと。②図書館職員に対して図書館活動評価のために発生主義として会計処理する経営感覚がなかったこと。③図書館の会計規模が発生主義での図書館会計を必要とするほど大きくなかったこと、に起因しているのである。しかしながら、設置組織から財務状況の明示と公開要請が強まり、図書館内部にもマーケティング概念やコスト意識の向上による業務体制の見直しと活動評価の経営感覚が求められている。したがって、上記①②③の根拠はすでに失われており、個別図

書館規模の拡大と図書館数の増大において、今や発生主義の会計単位としての規模に達しているといえる。[22]

　財務諸形式による図書館会計導入の必要性の理由は、まず第1に、図書館が教育委員会や大学・学校の一部であっても、図書館経営が独立して行なわれるならば、その経営活動の結果を体系的に記録し、報告することが、その結果を見る外部からも信頼されることにつながる点にある。その意味では、経済活動は複式簿記に基礎を置く会計のシステムのもとに記録され、報告されることが一般的である。第2に、会計システムで公表される経営情報により、図書館の経営者をはじめとする関係者が図書館の経営活動や、経済活動の全体像を見ることができることにある。もちろん、図書館経営がすべて経済的な活動にリンクするわけではないが、事実として、経済活動をすることでしか経営資源を獲得することができないわけであり、図書館の設置母体の中における図書館の位置づけで、経済活動すなわち経済資源の獲得に大きな影響が出てくるのである。第3に、図書館の運営は、公的な性格を有する財源に多くを依存することである。そのためには、その義務としてアカウンタビリティ（公開の責任）が問われる。図書館の貸借対照表項目としては、「資産」の部、「負債」の部以外に、営利組織における「資本」に相当する項目として「正味資産」の部が設けられる。[23]

表4-1　貸借対照表の例

（平成××年3月31日）　　　　（単位：千円）

資産の部			負債の部		
Ⅰ　固定資産			Ⅰ　固定負債		701
1　有形固定資産		2,643	Ⅱ　流動負債		418
2　無形固定資産		1	負債合計		1,119
3　その他の資産		4	資本の部		
固定資産合計		2,648	Ⅰ　資本金		1,858
			Ⅱ　資本剰余金		31
Ⅱ　流動資産		360	Ⅲ　利益剰余金		
			当期未処分利益		0
			資本合計		1,889
資産合計		3,008	負債資本合計		3,008

資産科目は、有形固定資産、投資等および流動資産に分類して表示するものとされる。図書館の施設、機器、蔵書、そして複数年度にわたって業務のために使用するものは、固定資産として取得原価によって資産科目として計上される。負債科目は、固定負債と流動負債に分類するが、固定負債は地方債、職員の退職給与引当金、債務負担行為が含まれる。この債務負担行為は、PFI等による資産で、債務負担行為による債務が残っているがすでに物件の引渡しを受けているものについての今後の支払い予定が計上される。正味資産とは、資産・負債差額と表示されるが、科目の分類においては国庫支出金・都道府県支出金と一般財源に分けて表示される。[24]

　さらに、図書館固有の会計処理の原則を考えなければならないものがある。ひとつは、蔵書価値の経時的低下の表示である。学校・大学図書館を中心に蔵書の会計上の貨幣額評価はそれらの資料が廃棄されるまでは、取得原価のままに表示される。図書として購入され購入年度内に廃棄されない図書資料は現行の会計処理の基準では減価償却が許されていないからである。また、1980年代以降、日本の図書館でもオンライン検索が普及した。外部情報サービスの利用は、図書館経営上有益なのかについては、紙媒体であれ、パッケージ化された電子出版であれ、有形の資料が図書館資料費を用いて購入されれば、図書館の固定資産の増加につながり、減価償却の対象ともなりうるが、一過性の外部情報サービスを利用したのでは、その経費がいかに良質のサービスの購入になり利用者の満足を高めることになっても、会計上、図書館の資産の増加にはつながらず、単なる消費支出の増大になるだけである。したがって、将来の財務構造の差が図書館活動を規定するのである。また、図書館財源の調達方法の多様化についても、言及する必要がある。図書館経営とは、人類共有の知的文化的な財産である情報資源を収集・累積させ、次世代に継承するという極めて歴史的に時間がかかる永続的な展望のもとで運用していかなければならない。この図書館経営が、単年度の財務状況によって左右されることは可能であれば避けなければならない。財源が不足する場合は、外部等からの寄付金、補助金等の資金で補い、経済的に潤沢であれば、ストックする形で会計システムを採用する必要がある。[25]

（4）広報活動

　広報活動とは、図書館と関係する人や機関、団体に、情報を広く伝達する活動である。その目的は、図書館の活動を広く利用者に知らせたり、活動（サービス）計画を伝達・宣伝したりして、図書館に対する理解を得て、図書館運営がスムーズに行われるようにすることである。

　案内ポスター、チラシ等を掲示することで情報を伝達することは可能であるが、現在では、ホームページ等のインターネットの活用で瞬時に広範囲にその情報を拡げることができる。

（5）庶務関連業務
①文書管理

　稟議書、規程、内規、会議録に代表されるような各種議事録も経営情報として維持管理しておくものである。図書であれば、購入台帳という図書・雑誌を中心とした経営情報がある。いつの時期に、どこの書店から、いくらで購入したか、同時にいつ、いくらで支払いをしたかもまさに経営情報である。近年では、電子媒体を代表とするコンピュータで維持管理されている。

②物品管理

　用品費、消耗品等がそうであるが、図書館組織ではブックトラックという図書の配架のための道具がある。木製、スチール製等あるが非常に高価なものであるが、必需品である。

③施設・安全

　火災等の物理的な問題、温度、湿度のような化学的な問題、盗難防止等の人的な問題がある。これらの安全を図るためには、スプリンクラーや防火扉の完備が必要であり、防犯カメラや盗難防止装置等の設置が必要となる場合もある。

（6）図書館施設の構成と快適な図書館空間[26]
スペース計画

　図書館のスペースは、次の3つに分けることができる。
①コレクションのためのスペース：一般書庫、貴書書庫、保存書庫等。
②利用者のためのスペース：閲覧室、学習室、グループ学習室、パソコン室、

食堂、談話室、オープンエリア、キュービクル等。
③職員のためのスペース：館長室、事務室、会議室、スタッフルーム等。
モデュラーシステム（Modular System）
　モデュラーシステムとは、ひとつのまとまりとして、モデュールごとに設備を設定する方式である。この方法は、1930年代に米国で考案されたもので、1950年代に米国の図書館界で流行し始め1960年代には、図書館の主流になった。現代の他の建築物の間でも主流になっており、デパートメントストアーやオフース、各種モールでも取り入れられている。階段、エレベーター、トイレ等の固定できるものをなるべく一箇所に集中して、それ以外の空間を柔軟性のあるスペースとして利用するものである。その意味では、図書館でもサービスを集中管理することで、利用者へのサービスとしてコモンルームやパソコンスペース等のオープンスペースを有機的に利用することも、重要な、新しい図書館の利用者サービスになっている。

カウンターの配置
　図書館のカウンターの配置・形・大きさ・高さも、利用者の図書館利用に対する心理も考慮して考えるべきである。受付カウンターについては、入館・退館する利用者の使いやすさと、BDS（Book Detection System：図書無断帯出防止装置）導入の際の図書の無断貸出に対する管理として効果的な位置に設置しなければならない。利用者の入館に対して、レセプションカウンターを正面に置き、スタッフが利用者と体面する形で配置するか、スタッフの背中を利用者に向ける形（退場する際に対面する形）、入口の左右の位置にカウンターを配置するなど、利用者へのサービスを十分に考慮し、図書館の管理体制との両面を考慮しながら検討する必要がある。
　また、レファレンス・サービスのサービス体制によって、カウンターの形も変わってくる。カウンターの大小や高低も大事である。利用者との応対を、立ったままで行なうか、あるいは、互いに椅子に腰掛けてサービスするかによってもカウンターのデザインも変わってくる。大学図書館もさまざまな方式で実施しているが、質問のレベル（図書館の利用のみ、書誌事項の質問、事実情報の確認等）の傾向の大小によって、カウンターの形も異なってくる。カウンターが、貸出、返却、図書の問い合わせ、入退館等のサービスも兼ねるのであれば、

出口近くにカウンターを配置するようにすれば、利用上の便宜も果たすことになる。もちろん、図書館の建物の形（高さ、規模、分散等）や図書館サービスのコンセプトによっては、カウンターの位置、形、そしてカウンター数を十分に考慮することが必要である。

書架のデザインと配置

　デザインで代表的なものは、スチール製、木製である。スチール製は、耐久性、組み立ての互換性、木製と比べて比較的低廉であるという特性がある。木製は、材質の暖かさが、書架つまり書庫そのものを豪華に見せることの利点があるが比較的高価である。閉架書架は、利用者が立ち入ることが少ないので、スチール製の書架にしてなるべく蔵書数を確保することが望ましい。最近では、利用者、図書館員が図書へ直接アクセスしないで、資料がベルトコンベヤーで貸出カウンターに送られてくる電動書庫を導入している大学図書館が増えている。電動書庫は、蔵書数の増加に対しては効果があるが、ブラウジングという意味での利用者サービスには、大きなマイナスになる。同時に、図書館員の育成についても大きなマイナスである。図書館員の育成の第一歩としては、図書館員が自らの蔵書のインベントリー（棚卸し）やシェルフ・リーディング（配架）を日常業務として遂行できることにある。そのことが、物理的にできない書庫では、図書館員の育成は非常に困難になる。OPAC、データベースのみの検索で対応できる比較的新しい情報であれば育成も可能だが、目録の電子化以前（和漢書は約 1960 年以前、洋書は約 1980 年以前）の資料は古い冊子体目録、カード目録で検索・探索し、さらに、その図書は実際に手にとって確認して初めてビブリオグラフィーとして育成することができる。

　図書館のあり方としては、書庫の狭隘化という近視眼的な書庫のあり方についての判断だけではなく、利用者サービスの向上、図書館員の育成についても慎重に経営戦略を検討することが望ましい。

　書架間隔の種類については、次のとおりである。[27]

表 4-2　書架間隔の種類

120cm	閉架実用最小値	最下段の資料は膝をついて取り出せる
135cm	閉架実用値	最下段の資料は腰を曲げるだけで取り出せる。
150cm	開架実用最小値	接架している人の背後を自由に通行できる。
165cm	開架実用値	声をかければ接架している人の背後をブックトラックが通行でき、車椅子でも利用できる。
180cm	資料数の多い開架実用	接架している人の背後でブックトラックが通行でき、車椅子でも利用できる。
210cm	利用者が多い開架常用	利用者に気ねなくブックトラックが通行できる。
240cm	利用者が多い開架常用	下段が突出している書架が使用できる。車椅子がすれ違える。

インテリジェント技術

　インテリジェント化とは、高度な技術を利用して快適な室内環境の形成を行ない、それによって知的創造活動の効率化を図っていくことである。言い換えれば、快適性（アメニティ）の追求となる。

防災・防犯と安全対策

　　耐火シャッター、スプリンクラーの設置、以前使用されていたハロン消化剤等によって火災対策がなされている。被害を受けた図書にとっては、「水」も「火」と同じ結果である。スプリンクラーの誤作動で、書庫内が水浸しになる事故もある。スプリンクラーの設置の際は、その注意事項を利用者にも明示し広報することが大切である。

照明と採光および色彩

　図書館内の照明は、平均500ルクスとされている。公共図書館は500ルクスであるが、利用者の利用時間が長い大学図書館では、利用者のサービスを考慮して、800ルクスが一般的である。

騒音対策と音環境

　パソコン室、コピー室、グループ学習室や携帯電話、大声での会話など迷惑な行為は多いが、施設としては天井を高くすることで、その防止策を行なっているところもある。もちろん、巡回による注意によって、図書館利用の啓蒙活

動をすることは言うまでもない。音環境を快適にするために、BGMを流している図書館もある。また、特別な閉館の際に退室を促す意味で音楽を流すところもある。利用者への気分転換となれば、それはそれで利用者サービスの向上とも言える。

温度・湿度と空調

貴重書室は、温度15度前後、湿度45％〜60％とされている。貴重書について特に注意が必要なのは、中世の西洋資料や東洋の古文書の資料である。あまり、湿度が低いと羊皮に影響が出て表紙がひっくり返り、あまり湿度が高いと紙に影響がでて、虫食いの被害にあいやすくなる。閲覧スペースおよび書庫は、温度は22度プラスマイナス5度前後、湿度60％プラスマイナス5％前後が最適である。

サイン計画

図書館の利用者に向けて、設備やサービスの位置が分かりやすいよう、サインを表示する。サインの文言は、簡潔で直ちに理解できるものでなければならない。記号類は、簡単で明瞭にする。サインはすぐに目に入る位置（高低、左右）にあるかを考慮し必要があれば色付けしておく。サインの必要な位置（距離）からみて、判読可能な大きさかどうかを確認しておく。

30年ほど前に、ある大学図書館のサインのデザインを担当した建築家が、「私のサインに対するフィロソフィは、"目立たないサインが、本来のサイン"である」との理念でサインを設置したために、現場の図書館員は大いに困ったとのことである。

家具と備品

機能的なデザインと使用上の感触、製品と素材の質、組み合わせ可能な家具類の範囲・種類の確認、備え付けや取り外しなど模様替えの容易さも長い期間使用することになるので重要な要素になる。

机・椅子・キャレル

キャレルの高さは通常70cmとされており、机面寸法は、1人掛け105cm×60cm、4人掛け180cm×120cm、6人掛け240cm×120cmとされている。

（7）米国の大学図書館の図書館基準

　米国大学図書館協会（ACRL：Association of College and Research Libraries）が 2004 年 6 月に理事会の承認を得て、大学図書館の基本方針としてこの基準を策定した。このコンセプトは、インプットする図書館活動として、資金、場所、蔵書、職員を投入し、アウトプットとして、評価と統計に基づくものと、さらにアウトカムとして図書館利用者に対するサービスの量的・質的な有効性を評定するために、大学図書館の管理運営の基準として「米国の大学図書館の図書館基準」を策定した。[28]

　以下については、日本における大学図書館の基準として位置づけることができる部分を中心に記載したが、日本の大学図書館の環境の違いについては、将来的な意味で必要なものだけを残した。

大学図書館の目的・目標の評価
- ミッション・ステートメントが、スタッフとしての図書館員と大学の経営陣に明確に理解されているのか。
- 大学の使命と図書館の目的・目標が横断的に組み込まれているか。
- 費用対効果、費用対便益を評価し、そのことを学部等に知らせ、そして今、これから必要な改善が何かを明確にし、かつ実現するために継続プログラムを、どのように維持していくか。
- 図書館を評価することが、大学の評価や認証評価のための戦略の要素となっているか。図書館は、学内の計画策定や学部の活動と共同で評価手順を確認しているか。
- 図書館は、評価するために、明確に量的・質的なデータを収集しているか。
- 統計を含めた成果を図書館は的確に測っているのか。
- 他の大学図書館との比較を、何をどのようにしているのか。

サービスの向上
- 学術的なプログラムを支援し、図書館の基盤となる質の高いサービスを、推進し、維持し、評価しているか。
- 利用者が、十分に活用できるように資料の提供が各部署で行なわれているか。
- 図書館に対する学生・教員の期待を受け止めているか。

- ILL 等は、学生に広報しているか、適切にサービスできているか。
- 開館時間に妥当性があるか。
- 新しい図書館サービスを、学生にどのように知らせているか。
- 利用者へのサービスが定量的に測定できているのかを見直しているか。

研修
- 図書館は、公式、非公式なスタッフをいつも準備しているか。
- 研修のために、その規模に合わせてスペースを用意しているか。また、そのスペースは、各種プレゼンテーション等の要望に応じられるものか。現場の指導者を提供するようにも設計されているか。
- 指導の際、技術的なものを用意していて、活用できているか。
- 特定の授業支援を、図書館員は、授業担当教員と協働できているか。
- 図書館は、多様な教育プログラムを用意し、どのように推進し評価するか。
- 図書館は、情報リテラシー教育の能力基準をどのように設定しているか。

情報資源
- 利用者のために、印刷資源、電子資源、メディア資源の取得、保有、利用についてどの基準が使用されているか。どのように利用者のための資源を選択しているか。
- コレクション・ビルディング（蔵書構築）とコレクション評価を授業担当者教員の役割として実施しているか。
- 蔵書とオンライン・データベースを量的・質的に評価しているか。
- コンソーシアムの購入・ライセンスの合意書は、活用されている。
- 蔵書とオンライン・データベースのレベルを業者とどのように比較するか。

情報検索
- 資源への知的かつ物理的な最大限のアクセスを提供するためにどのような方法が使われるか。
- 目録は、どの程度の正確性、最新性を保証しているか。
- 資料の配置は、理にかなったもので理解しやすいものか。
- 図書館は、未所蔵資料に対して、適時的で効果的な図書館間相互貸借やドキュメント・デリバリー・サービスを提供しているか。
- コンソーシアムから借り受けられるプログラムに参加しているか。

・電子的資源へのアクセスのために図書館は、適切に稼働する十分な量のコンピュータ・ワークステーションを用意しているか。
・キャンパス内で目録や他の図書館資源へのアクセスはできるのか。
・書庫に資料がある場合、それらの資料は、すぐに利用することが可能か。
・遠隔教育プログラムに取り組んでいる利用者に対してどのような方法を用意しているか。

図書館員
・図書館は、電子的資源を含むすべての利用可能な形態の情報に対応し、提供できるスタッフを雇っているか。
・すべての図書館員の研修を保証する財政基盤は準備されているのか。
・図書館は、要求に見合う適切な人数と有資格の図書館員、他の職員、他の技術員と学生アシスタントを確保しているか。
・図書館専門職員を認証するための大学の適切な学位等を準備する可能性があるか。
・図書館員の規模は、図書館の目的とサービス、教職員と学生へのサービス提供との規模を考慮できているか。
・図書館職員に関する規定は、募集、雇用、契約更新、昇進、任期、罷免等の申し立ての問題において、大学のガイドラインと承合されているか。
・効果的な図書館指導者として十分な知識と技術を、指導責任できる図書館職員を、どのように維持しているか。
・図書館は、リスクマネージメントに対して図書館員研修を行っているか、同時に、セキュリティーと緊急事態に関する研修を用意しているか。

施設
・図書館は、教職員や学生の要求に応じるように計画され、安全で十分なスペースを用意しているか。
・温度、湿度を望ましいレベルで制御するように、機械設備は正しく設計され管理されているか。
・提供している座席の形は、魅力的な学習スペースとして、利用者にどのように評価されているか。
・図書館の現在の蔵書数と将来の増加に対するスペースは十分か。

・図書館員に対しては、十分な作業スペースがあるか、また、将来的な必要性に対応した環境設定を考えているか。
・図書館のサインは、利用者の施設利用に対して機能的であるか。
・図書館は、教職員と学生のためにその量と配置場所を配慮した端末を用意しているか。
・図書館は、障害者（例、米国障害者法）の要件に見合ったサービスを行なっているか。

コミュニケーションと協力
・図書館のなかで、経営管理の情報を効果的に共有しているか。
・図書館員全員に対して、業務や働く環境を改善するアイディアを提案することが推奨されているか、それを進めるための対処は取られているか。
・図書館は、学内での情報交換のために常設の会議等を行なっているか。
・図書館は、学内で協働できる関係を他部署との間に構築しているか。
・図書館と情報部門が別々に管理されている場合、連絡調整や連携の組織は用意されているのか。
・理事の一人が図書館と情報部門の両方の責任を負っている場合と二人に理事が分かれている場合、それぞれ二つの機能はうまく統合されているか。

管理
・図書館経営は、利用可能な図書館資源の有効利用をしているか。
・図書館活動のための法令上の根拠を明らかにしているか。
・図書館長の報告義務と他部署との関係は適切か。
・図書館長の責任や権限を定めた文書はあるか。
・図書館は、常設の諮問委員会があるか、委員会には、適した授業の担当教職員と学生の代表がいるか。委員会は、効果を上げているか。
・図書館内の管理業務の方針と手続きは、どのくらい役立っているか。

予算
・図書館長は、目標に沿って図書館予算の正当性を説明、そして運営しているか。
・図書館の年間の認められている支出は、現在の図書館の適切な要求に合致しているか。

- 図書館予算を計画するとき、カリキュラムはどのくらい考慮されるか。
- 図書館予算を練る際に、教育方法は、とりわけそれが自主的な学習に関係する場合、どのくらい考慮されるか。
- 現存する図書館のコレクションの適切さを判断するのにどのような方法が使われているか、カリキュラムに直接関係ある分野のコレクション構築の適切な成長率を維持するのに予算は十分か。
- 学生全体数や授業担当教員数はどのくらい図書館予算に影響を与えるか。
- 予算は適切な職員数と人件費を負担しているか。
- 他の図書館資源（アーカイブスやコレクション）のための財源支出の妥当性やその便益は、どのように判断されるか。
- 図書館予算は、メディアやコンピューター資源を取得し、整理し、利用を提供する図書館の責任に見合っているか。
- 機関の方針に合致し、かつ図書館予算の範囲内で、資金を執行する権限を図書館長は、どの程度持っているのか。
- 図書館は、どのように債務や請求書の把握を行ない、どのように経費支出の優先順位や支払い期日を決定しているか。
- 予算は、拡張したキャンパスプログラムの支援に対応できるか。

以上のように、米国の大学図書館の基準項目は、詳細に定められている。

（8）米国の大学図書館機能としてのコモンズとは[29]

「コモンズ」とは日本語に置き換えると、共有の場、共通の場、または公共の場という意味である。

①探索的検索

Marchionin, G.（2006）によると、探索的検索には、次の3ステップがある。
- 参照探索：事実検索、既知事項検索、ナビゲーション、トランザクション、照合、質疑応答が主たる探索目的になる。
- 学習探索：知識獲得、理解、解釈、比較、統合、集約、社会的情報収集が主たる探索目的になる。
- 調査探索：拡張、分析、除外・否認、総合、評価、計画・予測、転換が主

たる探索目的になる。

②知識獲得パターン

Bates, M（1989）によると、知識獲得パターンを2つに分けている。

・対象領域に関する既往知識がない場合：それまで知らなかった知識を新たに獲得する新知識獲得、探索対象が狭くなる概念の限定、ある概念を別の概念に関連づける概念の関連づけ、より詳細な知識を得ることで、対象概念の知識が深まる詳細化が、既往知識がない場合の行動パターンである。

・対象領域の知識をある程度知っている場合：既存知識を思い出す想起、曖昧だった知識を明確化する明確化、誤解や誤った知識を訂正する訂正、概念を別の枠組みで捉え直す交換、既存知識が正しいことを確認する検証が、知識をある程度知っている場合の行動パターンである。

③大学図書館の情報検索環境

大学全体の情報資源の管理・運用には、機関リポジトリ、オンライン・コース・ウェア（OCW）の教材データベース、電子文書のアーカイブス、電子ポートフォリオがある。電子図書館の役割としては、大学図書館における学内・外の情報管理・運用へのアクセスの方法によるが、それは学生の電子情報へのアクセス方法、検索プロセス上での最適情報源の提供、さらなる電子情報源への利用、情報検索過程の履歴の保存と記録の充実が重要なものと考えられる。

④電子情報源と情報検索

・電子ポートフォリオ（e Portfolio）は、学習者の知的成果物（レポート、プレゼンテーション、芸術作品等）、学習者の過去生産物の記録・保存・公開、知識構築の引き金（トリガー）であり、知的成果物を紙媒体および現物で収集し、それを形式的に評価のために利用するものとする。形式的評価として維持したものは、ネットワーク化し、画像、音声、テキスト、ビデオに変換し、メタデータ化してマルチメディア対応できるものにさらに媒体変化させる。

・機関リポジトリとは、大学などの研究機関が、学術論文・研究紀要等の知的生産物を電子的形態で集積・保存・公開するための電子アーカイブ・システムである。2009年の段階では、日本における機関リポジトリは1341ある。日本国内の学術機関レポジトリの横断検索サイトとして代表的なも

のに、JAIRO（Japanesse Institutiona Repositories Online）がある。
・米国における国家戦略
　米国の政府委員会報告書「デアリング報告」によると次のような報告がなされている。高等教育機関においては、学生成績証明書は、プログレスファイル（自身の成長を振り返る手段）で構築し、このことは、高等教育保証機構によって制定されているものである。
・大学図書館の学習支援の情報検索
　機関リポジトリ、電子ポートフォリオ、オンライン・データベース、電子ジャーナルが4つの柱である。

⑤大学図書館の学習機能をデザインする

学習環境整備の4つの要素は、次のとおりである。
・空間：図書館であれば、館としての役割・意義を持つものである。
・活動：目的意識を持った学生およびその目的。必要なのは、利用者の動機づけである。
・共同体：支援する組織と人的資源に起因する人である。もちろん、支援するチームや共通認識を持った仲間（学生）が重要なファクターとなる。
・人工物：それを実際に行なうための道具（ツール）として機能するものである。

⑥マサチューセッツ工科大学（MIT）と Technology Enabled Learning（TEAL）

・テクノロジーによる能動的学習：ティーチング・アシスタント（TA）の役割と充実および共同の学習方法が能動的な学習に発展していき、さらに、より能動的な学習にするためには、学生の授業の捉え方も変化させなければならない。学習のための教材と仕掛けがさらに求められるが、それは、コミュニケーションとチームワークおよびビジュアリゼーションとして発展していく。
・TEAL型の学習環境デザイン：このことへの取り組みにより、旧態然とした授業と教室の役割が変化していくし、そのあり方を変える必要が生じてくる。学生の学習に関する活動にも変化が起きるであろう。それは、学生の意欲、授業へのかかわり方やその方法論に変化が生じるし、また、学生自身が授業への取り組み方そのものを変化させないと授業に効果的な結

果が生じない。同時に、共同体にするには、ティーチング・アシスタント（TA）等による支援と、役割および授業の準備を変えることが必要になる。また、今までの教材そのものにも変化が生じ、それを、ビジュアル性に富んだ、なおかつ可視化されたものにしていく必要がある。つまり、紙媒体からテータベース、デジタル化も含めた人工物に変化していく。

⑦大学図書館機能としてのコモンズとは

　米国の国民性、価値観、常識、文化、さらにそれに応じた言動、行動に変化が出ているが、そのことも、今大学図書館のあり方を変化させつつある。協調学習授業つまりチームとしての成果評価に変化をもたらしているのである。図書館は、協調学習の場所とサービス提供も求められるが、それにも学部と図書館のより深い連携関係が必要になる。ペンシルバニア大学のインフォメーション・コモンズは、自由に飲食できるファミリーレストラン型の図書館になっており、個別ブースも潤沢に用意されている。グループ学習室のミーティング内容も画像化することで、その情報も共有することができるのである。レファレンスもオンライン・レファレンスが進んでおり、ネット上でのスカラリー・コモンズを提供している。

　マサチューセッツ大学のアーマスト校のランニング・コモンズは、旧雑誌書架にラーニング・コモンズを設置し、そこでは大学院のSAの学習支援が不可欠である。さらに、MITでは、教員が論文の書き方等を指導するライティングセンターがあり、教員に教育方法を相談できるファカルティセンター、教員の学習支援が展開されているラーニングリソースセンターの3つがキャリアセンターとして機能している。

　米国の大学図書館では、学生を図書館に誘引するための9つのステップを掲げている。

　1．図書館の説明責任も含めて、利用者に図書館への注意を喚起させる。
　2．自分がどこに属しているのか、意識づけができる居場所を提供する。
　3．将来自分に役立ち、必要と感じさせる。
　4．学んでいることや興味があることに関連する仕掛けをつくる。
　5．自信を持たせ、学習や研究に対する意欲を引き出す。
　6．相談できる人がいて、また利用したいと感じさせる。

7．利用者が能動的か受動的にかかわりなく、満足感を感じさせる。
　8．自ら話し、議論する場所をつくる。
　9．挑戦する学生を、評価してあげる。
　これらの9つのステップによって学生の図書館に対する意識が大きく変化し、大学図書館の学習指導がクローズアップされることになる。まさに、シナジー効果ということができる。

⑧日本の大学図書館の理想像
　米国の学生を図書館に誘引する現状を、日本の学生に当てはめると次のようなレベルが考えられる。
　1．学生たちが授業後図書館に集まる。
　2．授業の合間に学生たちは、図書館にいる。
　3．学生たちと議論するために図書館を使用する。
　4．学生たちと学習計画を立てるために、図書館を使用する。
　5．図書館が、学内で一番居心地のいい場所であるので、自然に集まる。
　6．友人たちと共同学習するために図書館を利用する。
　7．ボーイフレンド、ガールフレンド、恋人と駄弁るには図書館で飲食しながら楽しく過ごす。
　8．教員に学習の相談をするなら、図書館のラーニング・コモンズで会う。
　9．教員に進路を相談するなら、図書館のインフォメーション・コモンズで相談する。
　10．図書館員にレポートを相談するなら図書館のライティングコモンズで話す。
　11．図書館員と世間話をするなら、ブラリアンがいる暇な図書館員とカフェテリア兼用のコモンズで駄弁る。

（9）公共図書館の今後のあり方
　日本の公共図書館では、指定管理者制度を取り入れることで、図書館の今後のあり方が問われている。ここでは、米国の公共図書館の事例として、ニューヨーク・パブリック・ライブラリー（NYPL）とシアトル公共図書館を取り上げる。

①ニューヨーク・パブリック・ライブラリー
- **デジタル時代の司書**：豊かなコレクションとユーザーを結びつけるのは、優秀な図書館員の存在である。図書館員は、コミュニケーションの能力とネットワークの能力を持ち合わせていることが必要である。
- **市民の貢献**：1886年ニューヨーク州知事のサミュエル・ティルディンが、ニューヨーク市に無料図書館と読書室の建設のため240万ドルを寄付した。1895年市民のための市民によるニューヨーク公共図書館のために、アスター・レノック・ティルディン財団がNPOとして産声を上げている。
- **カーネギーの貢献**：カーネギー財団は、5600万ドルの資財で米国・英国に1917年までに、2509の図書館を建設している。ニューヨークには、1901年に520万ドルの寄付で39の図書館を建設した。

NYPLの理念30)とは何であるか。ニューヨーク公共図書館の役割を、書店との違いを明確にしながら、次のとおり表現している。
- 印刷媒体、電子情報、出版ルートにないチラシなど、歴史の記録まで、多様な媒体による豊富な情報を、過去に遡って体系的に蓄積する。
- 莫大な情報のなかから適切なものを選び出し、評価を加え、アクセスしやすい検索システムづくりをするなど、情報の「知」のガイドとなる。
- 市民の情報活用力を育成するとともに、情報環境を整備する。
- 人と人との出会いの場を創出、新しい「知」を生み出す。
- 研究スペースなど、知的活動のための空間を提供する。
- 著作権や、デジタル化などをめぐる新しい動きに対して、民主的な情報環境づくりのために行動する。

②シアトル公共図書館

シアトル公共図書館は、2004年5月に開館した、現在、米国西地区最大級の図書館である。地上11階地下1階、総工費188億円（市債50％、マイクロソフト、スターバックス、ボーイング社からの寄付）であり、蔵書数78万冊、ライブラリアン330人、分館23館、年間予算40億円（市税、財団、市民）のスケールを誇る。

シアトル公共図書館のマニフェストは、以下のとおりである。

我々の使命は、非常にすばらしいサービスを提供できるように、我々がサービスする人々に合わせて、また、お互いに行動を支えあうことによって、世界の最高の公共図書館となることである。ありとあらゆる知識や情報への簡便なアクセスを推進することによって、また教養のある一般市民、生涯教育、読書の喜びを支援するために、我々のコミュニティ内の人々すべてに情報を提供し、豊かにし、能力を高めようと努力する。我々は、図書やその他の適切な資料を取得し、組織化し、提供する。国中の、さらには世界中の情報源へのアクセスを確保する。そしてコミュニティのすべての構成員にまでそれが行きわたるようにする。

③日本の公共図書館の指定管理者制度導入後のあり方
　指定管理者制度の導入が加速しているが、この制度導入のあり方についての論点は、以下のようなことが考えられる。
・指定管理者制度導入の賛成論・反対論それぞれの論拠とその正当性は何か。
・図書館員の育成は、どうするのか？　公務員の人事制度で図書館員の育成はできていたのか、指定管理者導入で図書館員は育成されるのか、されないのか？
・行政が民間に図書館業務を委託して、図書館行政をやりたくないといっている。図書館を利用している市民、図書館を愛している地域住民は何をしているのか？
・公共図書館はいらないのか、必要なのか？　公費はいつまでも投入できるのか、資金は調達できないのか、地域コミュニティの起業はあるのか？
・指定管理者のノウハウは？　営利企業だけの運営に限界を感じている筈だ、市民団体との協同運営は？

④ ALA（米国図書館協会）の公共図書館のアウトソーシング導入に対するスタンス
・公共図書館のアウトソーシングには、基本的には反対している
・非営利団体の市民活動はむしろウエルカムである
・諮問委員会（図書館の素人集団）の役割

・諮問委員会の義務と責任とは
　①優秀な図書館長を採用する
　②公共図書館の方針を作成、実施する
　③公費と資金調達で運営資金を確保する
　④質の高い図書館サービスの充実のためにマーケティングを実施しコミュニケーションとネットワークを強化する
　⑤一般市民に対す広報活動を不断に実施する

　今後の日本の図書館の運営管理は、各種図書館の特殊性と共通性、米国の図書館の現状と今後の発展を視野に入れて研究・開発する必要がある。

注
1) Allen, Louis A., *Management and organization*. New York. McGraw-Hill, 1958.
2) スティーブン　P. ロビンス、高木晴夫訳『組織行動のマネジメント』ダイヤモンド社、2009。(原書名：Essentials of Organizational Behavior by Robbins, Stephen P. 296p. 1997) p.33、p.41。
3) Fayol, Henri, *General and Indusutrial Management*. Trans. by Vconstance Storrs. London, Pitman & Son, 1949.
4) Koontz, harold; O'Donnell, Cyril, *Principles of Management*, 5th ed. In Ney Nork, maGraw-Hill, 1972.
5) Ranganathan, S. R., *The five laws of Library of Science*. 2nd ed. 1957.
6) 日本の公共図書館の職員数［http://www.jla.or.jp/statistics/2009pub.html］より。(最終アクセス　2011.10.1)
7) 米国の大学図書館の館員数［http://www.ala.org/ala/mgrps/divs/index.cfm］より。(最終アクセス　2011.10.1)
8) 加藤好郎「大学図書館における経営・管理の探求：リーダーシップ論からの視点」(慶應義塾大学文学研究科図書館・情報学専攻修士課程修士論文) 1986年。
9) House, Robert J., Path-goal theory of leadership：Lessons, legacy, and a reformulated theory. *Leadesership Quarterly* 7(3) p.323-352.
10) スティーブン　P. ロビンス、前掲書、p.414-428。
11) 同上書、p.379。
12) 同上書、p.403。
13) 同上書、p.405。

14) 同上書、p.407。
15) 同上書、p.420。
16) 同上書、p.427。
17) 望月護『ドラッカーと福澤諭吉』祥伝社、2001、p.200。
18) 同上書、p.201-202。
19) 高橋徹『日本人の価値観・世界ランキング』中央公論社、2003。
20) Peter F. Drucker：Crossover between the nonprofit and business sectors: symposium. Report.1994.3.「ドラッガーが語る：非営利組織の発想と企業、第1セッション　非営利組織の時代、第2セッション　ソーシャルセクターの発想が時代を拓く、第3セッション　非営利組織の歩むべき道とは」
21) 高山正也ほか『図書館経営論』樹村房、1998、p.104-107。
22) 高山正也『図書館経営論確立に向けてのノート：図書館経営論のさらなる発展のために』勉誠出版、2001、p.71。
23) 同上書、p.73。
24) 同上書、p.78。
25) 同上書、p.79。
自治省財政局「地方公共団体の総合的な財政分析に関する調査研究会報告書（概要）2000年3月29日。
26) 同上書、p.82。
27) 同上書、p.108。
28) 「米国大学図書館協会（ACRL）高等教育機関における図書館基準」2004 6月、ACRL理事会承認、p.5-12
29) Barbara Schader ed., 2008, *Learning Commons: Evolution and Collaborative Essentials*, Chandos.（=『米国大学図書館のコモンズの実例集』p.227-278、p.297-323、p.325-358）
30) 「未来をつくる図書館」と筆者のOCLC日本代表としての3回のNYPL訪問記録による。

第5章
図書館経営におけるリスクマネジメントと戦略策定の環境分析

　本章では、特に大学図書館の経営におけるリスクマネジメントと戦略作成の環境分析を行なう。

1. リスクマネジメントの必要性

（1）リスクおよびリスクマネジメントとは

　リスク（Risk）とは、ある行動や現象にともなって、あるいは行動しないことによって、危機（Peril）に遭遇する可能性や危害（Hazard）損失（Loss）等を受ける可能性を意味する概念である。リスクマネジメント（Risk Management）とは、リスクを組織的に管理制御し、危害・損失などを防止・回避し、もしくは、それらの軽減を図るプロセスである。リスクマネジメントにおいて、そのことを100％実現することはできないが、全組織をあげて、人・物・金という人的・物理的・財政的な対応をすることが不可欠であることは言うまでもない。

　例えば、大学においての危機管理とは、何を守るのか、そして、何から守るのかである。守るものは、生命（人材）、精神（人材）、組織（体制、制度、責任、信用等）、情報（個人情報、成績評価データ、IT関連情報等）、財産（金銭、カード、資料、機器、施設設備等）である。何から守るかについては、災害（地震、気象、火災、爆発等）、環境（温暖化、化学物質等）、疾病（食品衛生、感染症、メンタルヘルス等）、組織（経営危機、組織体制崩壊、コンプライアンス等）、社会（テロ、

犯罪、セクハラ、差別偏見、知財侵害、ハイテク犯罪等）から守らなければならない。

大学の構成員である、学生や留学生の危機管理についてはどうであろうか。

現在、文部科学省が補助金を出して始めたプロジェクト（グローバル30）は留学生の受入れを現在の12万人から30万人へ増やす計画である。留学生の受入れと同時に日本人学生の海外への派遣も重要であるが、その際の「犯罪認知件数の主要国比較（学生派遣の安全性）」は以下のとおりである。[1]

- 犯罪率：ニュージーランド（11.15%）、イギリス（9.79%）、アメリカ（8.51%）、日本（1.92%）。
- 殺人：アメリカ（4.55件）、カナダ（2.74件）、フランス（1.78件）、イギリス（1.61件）、日本（0.50件）。（10万人に対する件数）
- 強姦：オーストラリア（81.41件）、カナダ（32.88件）、アメリカ（32.05件）、日本（1.78件）。（10万人に対する件数）
- 強盗：イギリス（179.73件）、アメリカ（147.36件）、オーストラリア（121.43件）、日本（4.07件）。（10万人に対する件数）
- 麻薬：ニュージーランド（641.64件）、アメリカ（560.11件）、カナダ（369.86件）、日本（22.24件）。（10万人に対する件数）。

近年の問題では、オーストラリアで社会的問題になっている白豪主義問題によるインド人襲撃続発に対してもリスクマネジメントが必要となっている。

海外派遣の危機管理プロセスは、次の3つがその基本となる。① Risk Identification：協定締結と責任体制、プログラム管理、保険会社と各種保険、② Risk Assessment：事前の危機管理、情報収集、リスク分析・評価、オリエンテーション、③ Crisis Management：事後の対応処理、事故対策組織、初期対応の戦略・戦術、メディア対応、原状復帰。

（2）ハインリッヒの法則（1：29：300の法則）

Herbert William Heinrich（1886〜1962）は、ビジネスにおける危険性の発生確率を発表した人物である。1929年米国損害保険会社で論文を出版した。1931年に Industrial accident Prevention: A Scientific Approach は、災害防止

のグランドファーザーと呼ばれ、その後、第5版であるsafety Management approachまで出版は続いた。さらに、1951年「災害防止の科学的研究」安全衛生協会、1956年「ハインリッヒの事故防止」研究会、1969年「バードの法則」、1974年「タイ＝ピアソンの結果」、1982年「ハインリッヒ産業災害防止論」海文堂と関係文書が次々発表された。

認識された潜在的失敗とは、ビジネスにおける事故発生確率は、「1：29：300の割合で発生する」という法則である。つまり、致命的な失敗に到るまでには、前兆として顧客から苦情が来る29の失敗があり、その前に、クレームは来ないが社内の当事者はヒヤッとしたことのある100の小さな失敗が存在するのである。

一方、「1：29：300の裏側」を見ることもできる。この意味は、顧客側から見ると、クレームが1件あれば、その噂は24件に広がる。顧客のクレームのうち54～70パーセントは、問題解決すれば顧客は再契約を望んでいる。さらにその問題を速やかに解決すれば、間違いなく95パーセントは最契約をするというものである。

大学図書館における危機管理の必要性は、次のことが考えられる。①大学図書館の地域開放：大学の構成員以外の新たな利用者に対する管理的な不安。②開館時間の延長および日曜開館の実施：夜間セキュリティの安全性と潤沢な人員の配置。③高騰化する電子ジャーナルの購入：図書予算の減少、エージェントの倒産。④2007年以降の全員合格：18歳人口の減少による、入学者のレベル低下。図書館利用者のレベル低下に対するオリエンテーションを含めた図書館教育の再構築。

最近の図書館関係のリスクマネジメント関係の出版物に、2003年の英国博物館・文書館・図書館について国家評議会が出版した"Security in Museums, Archives and Libraries: a practical guide"がある。内容は、図書の盗難、火災、水害、問題利用者（破壊行為、迷惑行為、威嚇行為、コンピュータの不正利用等）への対応である。また、「図書館の問題利用者：前向きに対応するためのハンドブック」ベス・マクニール、デニス・ジョンソン編、日本図書館協会2004年がある。

1．リスクマネジメントの必要性

（3）米国のリスクマネジメントの歴史（戦後〜1990年まで）[2]
（1950年代）火災対策が考えられ、スプリンクラーが導入される。
（1960年代）図書の盗難の対策としての、BDSが導入される。
（1963年）ALA「図書館とその資源の防護（Protection of libraries）」が発表され、その内容は、火災、洪水、盗難、害虫、放火等に対する物理的・財務的防護手段である。
（1965〜1970年代）大学紛争の時代になり、公共財産の破壊行為が頻繁に行なわれるようになり、このことに対して、図書館は図書館用の保険契約を結ぶことになる。
（1970年代）Library securityという主題が出現し、BDSの導入にさらに拍車がかかることになる。この急激な普及は、投資額を6,000万ドルに決定したが、この理由は、図書紛失の全被害額が投資額を上回る勢いであったからである。まさにこのことは、費用対効果の意味を持つ戦略である。
（1975年）図書の紛失が絶えず、最初にバージニア州で図書資料窃盗法が制定された。このことは、図書館資料に特化した法律としては全米初であった。
（1980年）その後、サウスカロライナ州でも図書館図書窃盗に関する法律が定められる。
（1980年代）ALA図書館経営管理協会と図書館保険委員会が「蔵書と人的安全」年次大会を開催した。このことから、蔵書管理はもちろんのこと、人的管理も同様に重要であることの議論が始まった。

また、全国盗難資料リストデータベース（Book line Alert: Missing books and manuscripts＝BAMBAM）が稼働し始めた。この仕組みは、図書館側が紛失したあるいは盗難被害にあった図書データをデータベースに入力し、このデータベースは同時に古書店側も共有する。古書店に現れた窃盗犯が売却しようと試みたときに、古書店側は被害のあった盗難図書の可能性の高いものを、データベースでチェックすることで、その図書の紛失が発覚し犯人の逮捕にもつながることになる仕組みで、大学としては図書が戻ってくることが最大のメリットである。この事業は、古書店協会（ABAA: Antiquarian Booksellers Association of America）の積極的な協力がなければ、実現しなかった。現在、

日本では、BAMBAM は実現していないが、このシステムに日本でも取り組むことは可能である。このことも日本古書店協会（ABAJ：Antiquarian Booksellers Association of Japan）との協力が必要である。
（1986 年）ALA は「図書館災害準備ハンドブック」を出版した。その内容は、蔵書の保全から建物のセキュリティ、問題利用者対策、資料保存等で、その普及が重要である。

（4）日本の図書館の危機管理

　1980 年代までは、図書館の管理の関心は、紛失図書、紛失資料に向けられていた。つまり、1980 年代に出納式の閉架式書庫から、ブラウジングを可能にする開架式書庫に図書館サービスを改善した時期である。このことで、図書の紛失問題も同時に浮上した。図書館の危機管理としての関心事は図書の紛失を防ぐことにあった。もちろん、当時はそのことの明確な方針、防止対策も特にはなかった。日本で、図書館のリスクマネジメントに対して本格的に取り組むようになったのは、1995 年に起きた阪神淡路大震災からである。この災害から、日本全体が地震対策に対する関心が盛り上がりこのことが図書館にも波及した。ボランティアによる支援活動も日本においては、その最初の時期とも言える。この時期は、関西の各図書館はかなりダメージがあり、他県や他地区から多くの図書館員、図書館・情報学科の学生たちがボランティア活動として物理的にも精神的にも支援体制を組んで大いに力を発揮した。
　日本における利用者に関する事件には、次のようなことがある。
　町田市の町田図書館の図書盗難の問題と、図書館内でホームレスの男性に注意を受けた中学生が、図書館を出た後ホームレスを殺害してしまった東村山ホームレス暴行殺人事件がある。この問題の原因は明言できないが、もともと図書館内の利用者間で起きた事件である。法律的には、地方自治法第 244 条第 2 項「地方公共団体は、正当な理由がない限り、住民が公の施設を利用することを拒んではならない」ということから、正当な理由を明確にしない限り、利用者の入館は断ることができないので、図書館の利用規則を明文化し、利用者とのトラブルを未然に防がなければならない。
　2008 年度に日本の大手書店から万引き（Shoplifting）された被害金額が、40

億円である。このデータは、大手書店14社からのアンケート調査結果であるが、643店舗からの回答である。店側の損失額は、トータルで55億円、店側のミス・あるいは売れ残り処分で15億円、万引きが40億円である。年間総売り上げが、2,909億円なので売り上げのうちの1.37％が、万引き被害を受けていることになる。全国の書店（15,000店）に換算すると、全体で190億円の万引き被害額になる。因みに、全国の書店数は2001年の18,319店から2007年には15,000店に減少している。万引き被害にあった図書の内訳は、コミック誌40％、写真集30％、単行本10％である。万引きの目的は、70％が換金目的である。万引きの年齢層を警備会社の調査結果（都心の書店約60店舗の2008年3月の1ヵ月分）から見ると、60人の万引き犯のうち、中高生が17人、小学生3人、大人（一般・大学生）が40人である。万引きに対する罪の意識が薄くなっており、万引きした子どもを引き取りに来た際に「捕まってかわいそうだ。なんで取りやすい場所に置くの？」と店に抗議する親とか、「払えばいいんだろう。○○チャン捕まってアンラッキーだったね」等、さまざまな反応があるという。万引きが横行すれば、新刊の書籍が売れなくなり書店の倒産につながるばかりでなく、著作者に印税が入らないという問題も生じるので著作活動の衰退に影響を及ぼすとすれば、国民に提供する書籍の量・質ともそのレベルが下がる問題が生じる。このことは、日本文化の知的生産、文明の継承、人格の陶冶にも影響が出てくることである。

　貸出図書の扱い方についても、罪の意識が薄くなっている。推理小説の冒頭に犯人の名前を書き込むような悪質ないたずらや、ページの切り取り、水にぬれたままで返却してくる書籍等があり、その結果、ある都内の区立図書館では年間1,000冊を書架から外しているとの報告がある。他にも、貸出図書に対する被害は、飲食しながら読むために、チョコレートのしみ、ジュースのしみが図書に染みてしまう問題などがある。図書を読む前に、手洗いをする利用者は最近ほとんど見なくなった。さらに、ほとんどのページにクレヨンで落書きされた図書に対して、「税金を払っているからこれくらいいいじゃない」と反論する母親。練馬区のある公共図書館で破損した本に対して、連絡を取ったところ、54人中4人だけが、その責任を認め弁済に応じたが、他の50人は「借りる前からその状態だった。覚えていない」等で責任を認めなかった。貸出図書

に対するリスクマネジメントは、公共図書館だけではなく、大学図書館も含めて全図書館で善後策を考えなければならない。しかしながら、その解決策はそう簡単ではない。無料で図書を貸し出すことができる図書館のサービスの発展は、図書館がサービスを提供することで、利用者が図書館に対する信頼をもつという信頼関係のうえに成り立っていることを再度確認させ、その啓蒙活動をすることが大切である。

　日本での図書館の危機管理については、1996年に改正された司書課程のカリキュラムの「図書館経営論」で初めて取り扱われるようになった。しかしながら、圧倒的に日本での事例が少ないため、まだ、理論構築ができていないことも確かである。

（5）図書館業務の実態からみたリスクマネジメント[3]

　この項では、大学図書館におけるリスクマネジメントとして、業務担当ごとに以下にまとめた。

管理運営担当
1. **庶務関連の問題点**：不祥事発覚、訴訟・法的侵害（著作権）、テロ、火災等。
   庶務関連の解決策：危機に関する広報、広報活動、リーガルアドバイザー、避難訓練等で啓蒙運動を展開すること、実際の感覚を身につけること等。
2. **人事関連の問題点**：不当労働行為、セクシャルハラスメント、パワーハラスメント、モチベーションの向上、労働災害賠償責任等。
   人事関連の解決策：研修計画の充実、職場環境整備委員会の設置、安全指導の講義・研修等。
3. **会計関連の問題点**：売り込み、損失補填、書店等の業者さんとの増収賄等。
   会計関連の解決策：対応マニュアル、保険の購入、監査、調査委員会等の設置。
4. **施設関連の問題点**：不法侵入、地震等。
   施設関連の解決策：保安装置、警備委託、監視（防犯）カメラ、防災計

画等によって解決することが可能。

テクニカル・サービス

5. **収書担当の問題点**：書店の倒産、資料の紛失等。
   収書担当の解決策：信用調査（国立機関の全省庁統一資格）、紛失本購入予算化等。
6. **選書担当の問題点**：選書内容へのクレーム等。
   選書担当の解決策：選書基準の明文化、書評の作成とその能力等。
7. **目録担当の問題点**：滞貨図書、書誌データ修正等。
   目録担当の解決策：リエンジニアリングによる業務工程の見直し、カタロガーの育成、業務委託の導入等。
8. **システム担当の問題点**：ハッカーウイルス、各種システム障害等
   システム担当の解決策：システムセキュリティ対策、緊急対応等

パブリック・サービス

9. **レファレンス担当の問題点**：データベースの過剰利用、参考図書の紛失等。
   レファレンス担当の解決策：利用ガイドラインの作成、館内巡回の励行、BDS の導入等。
10. **雑誌担当の問題点**：洋雑誌の高騰化による財政的危機、雑誌の切り取り、新着雑誌の紛失等。
    雑誌担当の解決策：コンソーシアム組織を構築し、グループ契約としての購入予算の調整、分担収集による主題調整、ILL サービスの充実、コピーの増設、オーバーナイト貸出、複本購入等。
11. **閲覧担当の問題点**：図書の紛失、長期延滞、飲食・飲酒、暴力行為、破壊行為、痴漢、盗撮、無断帯出、トイレの目的外使用、破壊行為、放火、金品の盗難、利用記録の流出、貸出システム障害、OPAC 長時間使用、インターネット端末長時間使用、脅迫状、紛失本等。
    閲覧担当の解決策：BDS の導入、ペナルティーの策定、利用者対応マニュアルの作成、学生部との連携、警察との連絡、法執行機関との連携、掲示、退館指導、消火器の設置、放送・ビラまき、職員倫理の維持、PC の増設、警察への通報、古書店との交渉等。

12. **貴重書担当の問題点**：貴重書の紛失、汚損、破損等。

    貴重書担当の解決策：館内閲覧の整備、閲覧制限の厳密化、デジタル化による資料保存、貴重書の修復、ビブリオグラファーの育成等。

図書資料

13. **資料の劣化の問題点**：生物的要因（湿度、換気、カビ、虫：シバンムシ）、化学的要因（紫外線、赤外線による光化学反応、高温・低音、多湿・過乾燥、酸の影響）、物理的要因（地震、火事、水害、人為的災害：切り取り、ページの汚損、マーカーでのアンダーライン、書き込み、本の盗難、本のページの間からお菓子の粉、延滞）、図書館の本の傷（切り抜き、線引きの横行：自己中心的で他人を軽視する行動が要因、罪の意識もなく公共の財産を傷つけるような行為、幼少時からの教育が重要であるが、家庭できちんとした教育を受けていない人が少なくない。公共図書館の本が被害を受けているのは、学校・大学より家庭の問題といえそうだ）。

    資料の劣化の解決策：生物的要因（湿度、温度の適正な管理、書庫内の清掃、殺虫、殺菌の実施）、化学的要因（直射日光の遮断、調湿剤の使用）。物理的要因（延滞料徴収、貸出禁止、モラルの向上、啓蒙運動）

（6）セキュリティ関連

日本や海外の図書館で、実際に発生した事件を以下に紹介する。

①図書館資料の盗難例と対策

・英国の公共図書館の調査結果

66％の図書館で機器の紛失があり、さらに福祉関係の図書の48％が紛失する事件が発生した。この事態に対して、監視（防犯）カメラを導入することで、今まで発生していた95件の盗難が、6件に減少した事実がある。

・日本の公共図書館の例

町田市立中央図書館の開館後、5年の間に蔵書数44万件の図書館で、6万7千冊の紛失が発生した。日に換算すると、1日35冊に匹敵する。

②利用者の裁判事例

・アメリカのニュージャージー州で発生した事件である。図書館員は、ホームレスの利用者の体臭が他の利用者に迷惑がかかると考え、周りの人から、

臭いとのクレームがあるので退館するよう求めた。利用者はそのことに従いその日は退館したが、後日、再度入館してきた。やはり同じようなクレームがあり、再度退去を求めた。その利用者は一応このことに従い再度退館したが、3度目の入館時にも同じことが起こった。利用者からのクレームに従い、図書館員は3度目の警告を発した。これに対して、ホームレスの利用者は次のように反発した。「私自身は、私自身を臭いとは思わない。利用者に迷惑だと言うが、一体どのくらい臭かったら、退館が命じられるのかを具体的に説明してくれ。また、実際、どのくらいの人にどのような被害を与えたのか。」図書館員はこのことに対して、毅然とした態度を取ることができなかった。ホームレスの利用者は、人権問題であると図書館側を訴えたのである。この事件は、1990年に発生し1992年に裁判が結審した。結局、図書館側は敗訴したが、判決は以下の通りであった。「図書館は、臭気の程度を規定していないため、明確な対応ができなかった。そのことで、利用者に対して、多大な精神的な苦痛を与えた。3,000万円の支払い義務がある」。この事件は、クレイマー事件として、公共図書館のリスクマネジメントの一例として有名な話になっている。図書館の公開、利用上の便宜について細心の注意が必要であることは、いうまでもない。

③大学図書館で実際に起こった事件
・学生の暴力事件：閲覧室でカッターを振り回し、図書館員に向かって切り付けようとした。発端には、期末試験中で図書館内が非常に混んでおり、激しいキャレルの奪い合いがあった。学生たちは、キャレルの利用を押さえる目的で、不在にもかかわらず荷物だけを置くことで、キャレルをキープしていた。図書館側は、張り紙をしたりしてキャレルの上に置きっぱなしにしている荷物を撤去するように指導していたが、そのことに不満な学生が事件を起こしたのである。けが人も出ずに一件落着したが、一歩間違えると大きな事件になる可能性もあった。学生の図書館内の利用上の注意は常に喚起することが必要である。
・長期延滞者の問題：学生はともかく、特に問題なのは教員である。図書を長期にわたって使用したいときは、継続手続きさえすればよいのだが、そのことを面倒がり、貸出本の整理が自分ではつかなくなっている教員も多

い。なかには、「自分以外この本は利用しないから、半永久的に延滞させて欲しい」といった理解に苦しむ申し出もあった。開架書庫としてブラウジングサービスを提供しているのであるから、延滞本は厳しく取り締まり、他の利用者へも図書の貸出しの機会を提供しなければならない。延滞図書の防止には、貸出停止と延滞料の徴収がある。ある大学では、延滞図書に対する延滞料の徴収を、学生、大学院、教職員全員に科している。利用者は平等であり、同じルールに従って図書の延滞を防ぐということは利用者サービスにはありがたいことである。ところが、教員は延滞料を払いたくない。自分は特別扱いを受けるべきであるという考えを持っている教員もいてトラブルも生じる。教員は教育者としての理念を持って欲しいのだが、教員のなかには、「学生と平等であることがおかしい。我々は研究者でもあり教育者でもあるので、図書の延滞に罰則があること自体がおかしい」と発言する人もいる。そういう場合は、「どうか、研究所に転職してください。大学は、学生がいてはじめて成り立つところです。教育者として、学生の立場で物事が考えられないならば、大学を去るべきです」とお答えするしかない。パワーハラスメントの防止も図書館員の仕事のひとつである。

・女子学生への軽犯罪行為：キャレルで仮眠していた女子学生が、ふと目を覚ますと、メモがおいてありそこにはデートの誘いが書いてあった。気持ち悪いと思い、まわりを見回したが、それらしい人はみつからない。その後、何回か続いたので、図書館員に助けを求めた。図書館員は、あたかも、刑事のごとく見張りにたった。なんと、その女子学生につきまとい、キャレルで仮眠をしているときに、盗撮していたことも発覚した。学部長、研究科委員長からの注意と勧告はもちろんであるが、このケースは結果的には退学になった。情けない話ではあるが、特に、図書館の死角には十分に注意を払わなければならない。セクシャルハラスメントへの監視あるいは予防も図書館員の仕事のひとつである。

・図書館員へのストーカー行為：カウンター担当の女性職員に、「名前を教えて？」「今日は、いつまで仕事なの？　明日は出勤ですか？」実際、聞きに来るのはまだいいほうのようである。なかには、何となくその場にそ

ぐわない様子で、カウンターの図書館員を見ている利用者もいる。このことが少しずつエスカレートして、出勤のために利用している駅前でも、柱の影から見つめていることが頻繁になり、呼び出して一定の処分をした。幸い直接的な被害を受けなかったが、図書館員は精神的に不安な状態であったことも事実であった。ある大学では、図書館以外の大学職員全員が名札をつけているが、図書館では上記の問題が発生したことで、名札を付けることを義務づけていないと聞いている。

（7）西ケンタッキー大学図書館の利用者サービスの方針書[4]
　西ケンタッキー大学図書館は、リスクマネジメントの必要性からわかりやすい詳細な方針を明文化している。
・西ケンタッキー大学図書館のガイドライン
　①許容できない利用者には退館通告する。
　②同意しない場合、構内警察（キャンパスポリス）に連絡する。
　③事件の概要を保存し、利用制限の材料とする。
　④方針に従わない学生は、学生部長に報告する。
　⑤方針に従わない教員は、副学長（学術問題担当）に報告する。
　⑥方針に従わない職員は、人事部長に報告する。
・学生の利用について許容できない行動例
　①過度の騒音
　②大声での会話、楽器の演奏、ラジオ等の聴取。
　③指定外の飲食、喫煙。
　④図書館の資料、財産の切り取り、窃盗。
　⑤秩序攪乱、混乱、脅迫行為。
　⑥利用者、職員に接近し、不適切な交流を求めること、個人の安全を脅かすこと、秩序を攪乱し混乱を起こす行為ならびに暴力行為。
　⑦疑わしいこそこそした行為：図書館資料を利用せずその場にそぐわない様子をしている者、他の利用者や職員を見つめているようにみえる者。
　⑧性犯罪：露出、不適切な性的勧誘またはいやがらせ（身体または言語による）。

（8）米国の公共図書館における問題利用者の代表的行動[5]
迷惑だが許せる範囲から、絶対に許せない範囲まで。
・第3級：はた迷惑（迷惑だが無害）
　パブリックスペース：物乞いをする、悪臭がする、飲食をする、洗濯をする、寝る、いちゃつき、指関節をならす、貧乏ゆすりをする等。
・第2級：微妙な（深刻ではあるが）
　酩酊している、悪臭がする、勧誘、規則を破る、落書きする、ギャングの一員、露出狂、言動がおかしい、幻覚障害等。
・第1級：非常に深刻
　武器の携帯、性的変質行為、情緒障害、略奪、喧嘩好き、非行、放火犯、破損行為、威嚇する、さわり魔、幼児虐待、法律破り、薬物中毒、明らかな敵対行為、意味なくののしる、麻薬販売等。

2. 危機管理マニュアルの作り方[6]

（1）リスクマップの作成
①リスクの強度とリスクの頻度に分ける
　危機が起こったとき、あるいは起こるであろうと予想されたとき、そのことが実際に起こったときの問題の重さ（強度）と、短期間で起こりうる可能性があるもの（頻度）を、それぞれの危機の項目のごとに分けておく。
②4つのカテゴリーに分類しておく
・「強度が小さくて（強度小）、頻度か低い（頻度小）」
・「強度が小さくて（強度小）、頻度が高い（頻度大）」
・「強度が大きくて（強度大）、頻度が低い（頻度小）」
・「強度が大きくて（強度大）、頻度が高い（頻度大）」

（2）リスクマップの4つのカテゴリー
下記のとおり4つのカテゴリーにそれぞれの項目危機に振り分ける。
①保有（強度小、頻度小）
　リスクを認識したうえで、対応方法を定めておく。（例）利用者の急病、

動物の失禁、不審物の放置等
②制御（強度小、頻度大）
　頻度を小さくするように働きかけ、そのうえで、「保有」もしくは「転嫁」にしておく。（例）飲食、資料汚損・破壊、雑談、子供の放置、携帯電話等。
③転嫁（強度大、頻度小）
　専門機関（警察、消防車、損害保険会社等）と連絡あるいは、契約し、他機関にリスクを転嫁する。（例）天災、人災（刃物、銃器持込み）等。
④回避（強度大、頻度大）
　その状況から逃がす対策をとる。（例）異臭、喫煙、迷惑行為等。
　危機管理の要諦（ポイント）とは「人は起こしたこと（起こったこと）で非難されるのではなくて、起こしたこと（起こったこと）にどう対応したかによって非難される」のである。

3. 経営戦略策定のための環境分析

（1）SWOT 分析

　SWOT 分析は、1920 年代からハーバードビジネススクールのビジネスポリシーの一部として開発されてきた、ハーバードポリシーモデルの一部である。一方スタンフォード研究所では、1960 年から 1970 年代にかけて、アルバート・ハンフリーらが、企業の長期計画がなぜ失敗したのかを明らかにするという研究プロジェクトを行なっていた。「SOFT」分析といわれ、現状における良いという評価を満足（S＝Satisfaction）、将来における良いという評価を機会（O＝Opportunity）、現状における悪い評価を失敗（F＝Fault）、将来における悪いという評価を脅威（T＝Threat）に分類したのである。1964 年にFがW（＝Weaknesses）に変更され、SWOT が生まれたとされている。現在は、以下のとおりである。

　・強み（Strengths）　　　組織内部の経営資源：貢献する個人の特質。
　・弱み（Weakness）　　　組織内部の経営資源：障害となる個人の特質。
　・機会（Opportunities）　組織外部の外部環境：貢献する外部の特質。
　・脅威（Threats）　　　　組織外部の外部環境：障害となる外部の特質。

(2) 組織内外の弱み・強みと図書館の戦略計画

社会的状況のなかの需要とそれに対する図書館内部組織の状況との相違を明確にしておくことも重要である。

- **強みと弱み**（内的要因としての経営資源）：財務、知的財産、立地、競争上の優位、インフラ、品質、材料、経営管理、容量、顧客との関係、知名度、評判、ブランド、環境。
- **機会と脅威**（外的要因としての外部環境）：政治、法令、市場トレンド、経済状況、地方自治体の期待、学校法人の期待、公衆の期待、科学技術への期待、人文社会・歴史への期待、競合他社の行為。
- 図書館の戦略

①**内的強み**：情報・知識の専門家がいる。

外的機会：情報支援サービスが社会的に求められている。

図書館としては、良い条件が整っており、今後の図書館経営、図書館サービスが大いに発展していく可能性がある。

②**内的弱み**：図書館員が高齢化しており、数年で多くの人が退職する。

外的機会：司書職を希望する専任、臨時職員が大勢いる。

図書館員の高齢化によって、図書館内部としては危機的な状態にあるが、外部の要因として、専門職としての図書館員を確保できれば、人的な部分については、組織的に対応できることになる。

③**内的弱み**：法律・医療・ビジネス情報等の支援サービスができる専門職が少ない。

外的脅威：各専門機関で情報提供サービスを重視し始めている。

情報サービスの機関としての機能が、内部的は危機的状況にあり、さらに、図書館以外の他の情報機関で情報提供、情報サービス等の業務が活発になれば、図書館離れが始まり、図書館の役割そのものの変化、存在の変化にもかかわりが出てくるかもしれない。

④**内的強み**：目録・分類等の資料の組織化に詳しい。

外的脅威：検索エンジンの検索性能も向上している。

旧態依然とした図書館サービスだけでは、現代社会のサービスを提供することはできない。技術革新の速さに図書館サービスもついていけなければ

ならないし、その前に、第一に図書館経営において図書館のリーダーたちが、チェンジ、チャンス、チャレンジの新しいコンセプトのもとに図書館経営の変革を率先しなければならない。

（3）英国図書館（The British Library）の戦略[7]

日本の公共図書館の戦略のひとつとして、英国の国立図書館である英国図書館を紹介する。これは、国家レベルの戦略計画であるが、図書館協力の実施、図書館組織の変革について重要なポイントを明示している。

The British Library の中期戦略

① 第1次（1985〜1990）：蔵書構築の充実、図書館協力、情報ネットワークの構築。
② 第2次（1989〜1994）：財務と人材開発、外部人材の登用、収益増加。
③ 第3次（1993〜2000）：情報・知識関連の機関・セクターを横断した協力関係の構築が求められている。ICT（情報通信技術）の積極活用、電子情報資源の収集と利用体制の整備。
④ 第4次（1999〜2002）：蔵書、人材の経営資源の確保とその効果的な配分。
⑤ 第5次（2002〜2005）：柔軟な運営における経験主義的な取り組みと合理主義に基づく実施による世界のリーダーとしての国立図書館の位置づけ。
⑥ 英国図書館戦略計画の再定義（2005〜2008）[8]
・21世紀の偉大な図書館構築
・研究情報サイクルにおける英国図書館の役割再定義
・研究基盤ニーズに応える
・戦略優先事項
  1．利用者の経験を豊かにする
  2．デジタル研究環境を確立する
  3．情報・知識の探索方法の変更
  4．国レベルのコレクションビルディングの充実、管理
  5．国民の進展を援助する
  6．財政基盤整備

これらの新規の戦略にすでに着手している英国の図書館は、その変化の早さ

も当然のことながら、欧米の図書館界のリーダーとしての発展も求められている。

注
1) 国連統計（2000 年）犯罪傾向および刑事司法制度
統合犯罪認知事件数の主要国比較［http://unic.or.jp/unic/press_Release/1633/］（最終アクセス　2011.10.1）
2) 小林昌樹「アメリカの図書館における危険管理の発展：個別的対策からリスクマネジメントへ」日本図書館学会研究委員会編『図書館経営論の視座』（論集・図書館学研究の歩み；13）、日外アソシエーツ、1994、p.78-105。
3) 小林昌樹「図書館の危機管理総論：リスクの全体像とさまざまなアプローチ」『現代の図書館』40(2)、2002.6、p.59-67。
4) ベス・マクニール、デニス・ジョンソン編、中野捷三訳『図書館の問題利用者：前向きに対応するためのハンドブック』日本図書館協会、2004、「米国西ケンタッキー大学の利用者サービスの方針」p.206-207。
5) 同上書、p.21。
6) JLA 図書館経営委員会危機・安全管理特別検討チーム
「危機・安全管理マニュアルづくり：こんなときどうするの？　作成マニュアル──利用者と職員のための図書館の危機安全管理─編集プロセス」『図書館雑誌』98(9)、2004.9、p.674-675。
7) 柳与志夫『図書館経営論』学文社、2007、p.131-132。
8) 同上書、p.133-134。

第6章

図書館経営におけるクラスター構成と
図書館の専門職

1. 産業クラスターとは

　クラスターとは、本来英語でぶどうの房を意味するものである。現代では、その意味が転じて、集団あるいは群を意味することばに発展してきている。産業クラスターとは、地域の中堅中小企業・ベンチャー企業等がぶどうの房のように、大学、研究機関等と連携・競争することであり、それによりIT、バイオ、環境、ものづくり等の分野で競争力向上を図ることを目指す計画が、産業クラスター計画である。[1]

（1）目的とミッション
　産業の国際競争力強化が叫ばれている。国際競争力だけでなく、地域経済の活性化も同時に進行しなければならない。そのためには、イノベーション（革新）を促進できるような事業環境の整備が求められる。また、新経済成長戦略等の国家的戦略上の重要分野として定められる新産業を創出することにつながるのである。さらに、そのことは地域自治体等が実施する地域振興との連携によるシナジー（相乗効果）の創出でもある。これらの結果として、新産業、新事業を創出するクラスターが形成されるはずである。

（2）基本的ポリシー
　全国一律かつ中央統制（集権）的な施策の運営方法を改め、現場での施策展開を尊重するものである。また、コアとなるネットワーク形式に関する固有の

ツール確保と同時に開発支援、企業連携支援、販路開発支援さらに人的育成支援がそのポリシーであることは疑いがないのである。

(3) 究極的目標

第1にイノベーションの連鎖反応を目標とし、産業の最適化と環境変化耐性強化であり、最後に地域の国際ブランドの進展にともない世界中からの企業、人材、投資の求心力増大も、その目標になるのである。

(4) クラスター政策のライフサイクル

1期（2001～2005）2期（2006～2010）3期（2011～2020）に分けて考えられる。ライフサイクルについては、図書館のコンソーシアムのライフサイクルについても前述したが、ここでは産業のライフサイクルを考えてみる。

第1期は、産業クラスターの立ち上げ期であり、第2期は成長期、第3期は自律的な発展期と言えるであろう。立ち上げ期は、国が進めるクラスター計画プログラムとして20ほどのプログラムを立ち上げて、自治体が独自に進めるクラスターと連携して産業クラスターの基礎となる「顔の見えるネットワーク」を形成することである。

第2期は、ネットワーク形成を進めるとともに具体的な事業展開を行なう。同時に、企業の経営革新、ベンチャーの創出を推進するのはもちろんのこと、プロジェクトの見直し、新たなプロジェクトの立ち上げも視野に入れている。

第3期は、ネットワーク形成、具体的な事業展開をさらに推進していくとともに、クラスター活動の財政面での自立化を図り、産業クラスターの実質的な発展を目指すことになる。

2. 図書館クラスターを構成する概念

産業クラスターの考え方を、図書館発展のための引き金として図書館クラスター実現の可能性、あるいは、それ以前として研究対象としての産業クラスターが、図書館経営論として成立するかの試案を提示する。

(1) 図書館クラスターとは

①英国の図書館は、今、博物館、文書館そして図書館がすでに共同体を構築してその生産性を高めている。日本における図書館も他の類縁機関と一定の地域ごとに集積した戦略を構築することである。もちろん、同種でなくても他の機関（国、地方公共団体、NPO、国民、市民、地域住民等）も含める。

②企業のマーケティングの目的は、企業間の競争に勝ち抜くことがその概念である。図書館における、第一目標は、図書館同士の協力にある。しかしながら、協力以前に競争があるからこそイノベーションを誘発することにもなる。つまりネットワークを構築することが、図書館協力の連携関係を結ぶことになるが、競争関係にあることと同時にそのことが互恵関係にあることを互いに内包していないと、協力関係には至らないことが多い。つまり、片方の図書館の一方的な「持ち出し」では、協力関係になりにくいことも事実である。

③主体が単に存在するだけで、主体間同士に一定の関係があり、その関係の中でイノベーションが促進されなければ意味を持たない。他機関との連携によって、そのシナジー効果（相乗効果）が大いに発揮されることで、図書館クラスターの効果が上がるのである。

(2) 図書館クラスターの効果

①企業においては、他機関等が集積することによって、外部の支援、外部からの環境を取り込むことができるのは、古くから認識されている。図書館クラスターにおいては、外部からの効果は、専門性の高い投入資源（例えば、人的資源）、各種メディアやインターネット等の情報へのアクセスと情報の補完性、各種機関や公共財（公共図書館、学校図書館等）へのアクセスなどにより、生産性が向上することは確実である。

②前述したとおり、クラスターが確立されれば、その内部ではそのサービスのダイバスティー（多様性）により、新しい顧客、利用者のニーズが拡充されると同時に、そのニーズを把握しながら実施することも容易になり、新しいサービス、競争による刺激、さらにそのことによる協調性が高まるのである。つまり、図書館クラスターは、イノベーション（革新）の誘発

につながるのである。

（3）図書館クラスターの形成を促す要因
図書館クラスターを形成しやすくする条件としては、次のようなことが挙げられる。
①地域独自の資源を使うことで、その地域の強み（特徴）ができれば、そのイノベーションの機会が生じることになる。地域資源とは、組織運営のための研究機関の機能の集積と技術水準を高めること、地域に根ざすリソース資源の開発、立地条件、距離感、規模等の自然条件などさまざまではあるが、そのことで地域の強みは増すことになる。
②先進的な利用者に対応する取り組みも、大事なことである。つまり、利用者からの多くのニーズに応じることが、イノベーションを推進することになるのである。つまり、リード・ユーザー・イノベーションである。
③革新的な事業を開発するには、地域におけるゲートキーパーの役割が求められる。外部の質の高い多くの有益情報を導入することでクラスターを刺激することになり、そのことでよりクラスターが確立していく。
④図書館だけではなく、優れた関連産業・支援産業あるいは機関があることが求められる。関連・支援の機関が存在することで、広い意味での地域システムにおけるネットワーク型連結の意義も生じてくる。

（4）図書館クラスターを活性化させる要因
既存の枠組みの中での管理・運営では、効率化が進むことがあっても、やがて組織が固まってしまうロックイン現象によって、衰弱傾向（シングル管理・運営）に陥るのである。いったん、組織の活性化が停止しそのことが当然な組織であると感じた場合、組織は動かしにくくなるので、フェース・トゥ・フェースでさらなる改善に対して情報共有するような情報粘着型の構築が必要である。
いったん、クラスターを組んでみると、競合がなくなり、集団思考のみが働いてしまうので、新しいアイディアが抑圧されてしまう可能性もある。つまり、持続的なイノベーションと一方では、破壊的イノベーションが動いていることが重要である。つまり、持続と破壊のイノベーションのジレンマ（競争）も同

時に存在するべきである。

　クラスターとしての「場」をより創造するためには、時には異質な動きやアクターを参加させることも視野に入れなければならない。財政基盤としての参加型のナレッジコミュニティの形成を促進することもひとつの視野として考えてみたい。「場」としての地域のみでなく、他の機関、他の事業、他の運営機能の重層的な構造を構築することが求められる。

（5）図書館クラスターにおける関連学説
　既存の、図書館経営論、図書館概論、図書館サービス論、資料組織概説図書館・情報学、書誌学等の図書館に特化した学問の他に、経営戦略論、組織論、ネットワーク論、イノベーション論、技術論、人事管理論も、クラスター導入については、不可欠のものである。

（6）政策的インプリケーション
　学説的なインプリケーションももちろんのこと、知的クラスターの中心を設置することが重要である。専門性をより重要視した技術的な革新と法的なアドバイスを取り入れ、研究に着手しその結果としての知的クラスターのあり方をフォーラム等で発表し情報の共有化を行なう。
　①ベースとなる図書館クラスターのモデルを作る
　　・ゲートキーパーの役割を担うネットワーク型の革新プロジェクトが活動しやすい環境をつくる。
　　・優れた図書館クラスターの事例を評価し、事業のモデルにする。
　②共通のインフラをつくり、クラスターの活性化の流れを作る
　　・教育、訓練プログラム、技術開発など、共通のソフト・インフラを作成することによって、クラスターが共有するプラット・ホームができ、クラスターの活性化のプロジェクトを促進する。
　③「場」の推進
　　・わが国では、大学、企業、官庁、地方公共団体のドミナントロジックが極端に異なっているために、文化的差異が大きいこともあり、それらの事業展開で共通の価値観を持てる「場」の形成が特に重要である。

・「場」を創造するアントレプレナーを支援すること。

3. 専門職としての10機能と5つの主題

　図書館の伝統的な図書館員には、館長、事務長、選書係、収書係、登録係、参考調査係、貴重書係、目録係、分類係、逐次刊行物係、閲覧係、会計係等、専門職や一般職、管理職員や一般職員等が配置されている。現代の図書館を運営するには、図書館組織の業務担当をより有機的に配置することが必要であるし、同時に図書館員のサービス機能も多様化することになる。

　現在の図書館組織に、今必要な専門職の機能をまとめると、以下のようになる。

（1）University Librarian：財務戦略、構想力、生産性（ビジネス感覚）、図書館組織の再構築
（2）Bibliographer：選書能力、蔵書構築、貴重書知識、補修・保存（Preservation）機能
（3）Archivist：アーカイブスの選定、維持管理、目録、提供機能
（4）System Librarian：利用者用・業務用環境整備、システム開発
（5）Curator：学芸員の範囲ではなくて、もっと高い権限としての位置づけ
（6）Digital Librarian：デジタル化における知識と技能と感性
（7）Electronic Librarian：電子媒体資料の購入の知識と技能
（8）Reference Librarian：情報リテラシー教育、インフォメーション・コモンズ、BI、デジタルレファレンス
（9）Cataloger：書誌ユーティリティ研究、蔵書構築
（10）Serials Librarian：逐次刊行物の変遷と電子ジャーナルの知識と購入

　「大学図書館経営として抑えておきたい5つの主題」を、それぞれのプロフェッショナル・ライブラリアンが担当することで、"5主題×9機能＝45名"＋"図書館長"の46名がいれば、図書館の専門職集団として通常の業務もプロジェクトも、タスクフォースとしての業務を理論的には遂行することができると考えている。

（1）Science：科学技術
（2）Medicine：医学
（3）Law：法律
（4）Business：ビジネス
（5）Humanities：歴史、文学、芸術等

　以下は、ある私立大学の大学図書館経営の7つの戦略例である。この7つの戦略は、現在も通用するものである。おのおの大学図書館によっては、これらの戦略に新たに加えるものもあると思われる。いずれにしても、大学図書館の経営戦略において、最も重要なものは、図書館員の人材育成である。近未来を予測し、組織を作り、財政基盤を確立し、人材を集め、計画を実施し、評価するマネジメントシステムを構築できるリーダーを育成することである。

大学図書館の7つの戦略
（1）Cooperative Service とは、他大学とのネットワークを構築することで、資料を有機的に利用することができる相互協力や分担収集により、予算の効率的な運用のためのコンソーシアム・コラボレーションの構築を目的としている。
（2）Space Issue とは、各大学図書館が抱えている書庫の狭隘化を解消するために、書庫機能の再構築を検討し共同保存書庫を設置し構築し維持管理することを目的としている。
（3）Collection Development とは、今後の研究・教育を支えるためにより発展的な蔵書を収集し、「知の体系化」としての蔵書構築を目的としている。
（4）Organization Bibliographic Data とは、目録情報を効率よく、精確に、迅速に整備すること、同時にその情報を共有化することのために、書誌データを整備し横断的な共有システムを構築することを目的としている。
（5）Electronic（Digital）Library とは、電子媒体資料の購入と利用の促進、また既存の資料の維持管理のためのデジタル化を電子図書館構想の目的としている。

(6) Research and Development とは、図書館の現場で、現場の図書館員が研究活動を行い、その結果を図書館現場に反映させるために、図書館組織内にその研究開発を行える施設を設置することを目的としている。

(7) Training of Professional Librarians とは、専門職としての図書館員を育成することを目的とし、研修制度を充実させることをそのメソッドとしている。

4. 経営者としての心得――大学図書館員を目指す人へのメッセージ

(1) 休暇は有給、仕事は無給（夢求）

休暇はおおいに取ろう。仕事は本来、お金を得るためだけに働くのではない。大学図書館経営者自らが、仕事に夢を持ち、その夢を実現することが、利用者へのサービス向上になる。

(2) パーキンソンの法則

英国の歴史学者・政治学者シリル・ノースコット・パーキンソンによると「仕事の量は、完成のために与えられた時間をすべて満たすまで膨張する」「支出の額は、収入の額に達するまで膨張する」つまり「ある資源に対する需要は、その資源が入手可能な量まで膨張する」と表現することもできる。さらに、俗人的に言えば「組織はどうでもいい物事に対して、不釣り合いなほど重点を置く」と表現することもできる。多くの会議は「会議において、重要なことは直ぐ決まるが、どうでもいいことには時間がかかり結論も出ない」が図書館における経験である。会議は短く、会議の生産性を高く設定するのも経営者の役割である。

(3) 教える責任はないが、育てる責任がある

経営者は必ずしも教える義務はないが、後継者として育てる義務がある。その責任を果たすためには、多くの知恵を結集して、育てるシステムを構築し後継者を育成することが図書館経営者の役割である。

（4）サシミの法則

サシミとは、3：4：3の法則である。図書館実務の経験から、新規事業に対する図書館員の反応は、賛成30％、中立40％、反対30％が通常である。新規事業への取り組みは、賛成派を70％にすれば、新事業へ取り組むべきである。賛成派を100％にすることはもともと不可能であり、そのことの無駄な努力と時間を費やす間に、大切なそのタイミングも図れず、前向きな図書館改革、取り組みができなくなる。その決断が、経営者には求められる。

（5）元気、やる気、勇気、根気

頭はいいけど元気のない図書館員、理論的には理解しているが、図書館業務に興味を持たない図書館員、全体のバランスを考えることができない図書館員、あるいは人から嫌われたくないために勇気の持てない図書館員、図書館システムに興味があり、短期的に業務改革をしてみるが、本当の意味での図書館サービスの改革に至らないために根気が続かない図書館員等さまざまである。大事なことは、4つの気を持って図書館業務に取り組むことができるように、図書館経営者が図書館員に対してインスパイアすることである。

（6）経験、思い、理論、直感（経験が生む先見力）

図書館の業務経験は必要である。図書館を良くしたいという「想い」も必要である。図書館業務の知識に基づいた理論、図書館・情報学の知識に基づいた現場での理論構築、図書館業務の経験に基づいた利用者の立場から見たサービスの改善に対する直感も含めて、これらのことが図書館経営者には必要である。

（7）顔はごまかせない

40歳を超えたら自分の顔に責任を持て。生まれ持った顔も、経験によって味のある顔に変化していく。図書館員にとっての「良い顔」とは、利用者からの信頼に基づいて自信を持つことがそうさせるのである。利用者との絆は、利用者との懐の深い会話ができることであり、そのことで図書館員も成長していき、やがて「いい笑顔」を持った図書館経営者が出現する。

（8）理想（夢）は、現在支えることができる頑張れる精神構造から生まれる

　理想の図書館を築くには、図書館で働くことができる喜びと、利用者の感謝の気持ちが溢れている職場を目指し、多様化と改革の中で、工夫し、協力し、共有し、信頼し、図書館員の知恵を集結することが重要である。そしてその行き着く理想の図書館へ誘なうことができる図書館経営者には、精神的な余裕と精神的な充実がなければならない。

（9）判断は首から上、決断は全身全霊

　人は誰でも、その経験、知識の大小にかかわらず一定の判断ができる。お腹がすいた赤ちゃんが泣くことと同じである。図書館経営でも、すべての現場の図書館員、評論のみで動かない図書館員も含めて、多くの判断がそこには存在する。図書館経営に必要なのは、それらを冷静に判断しながら、適切なタイミングをとらえて業務改善を、前向きに決断をすることである。利用者が求めているサービスに対して全身全霊を傾け、図書館経営者として決断することがトップ・マネジメントに求められることである。

（10）ビスマルクとダーウィン

　オットー・エドゥアルト・レオポルト・ビスマルクは、「賢者は歴史に学び、愚か者は体験に学ぶ」「歴史が証明するところによると、逃した機会は二度と戻らない」と述べている。ドイツ統一を目指して鉄血政策を推進した、君主主義の保守的な政治家ではあるが、優れた外交官でもあり、現実主義に根ざした政治的手腕には卓越したものがあった。もちろん、賛否両論はあるが、混沌としている現代の中で図書館の経営者としても必要な資質である。経験だけではなく、歴史を学ぶことで、この情報社会を乗り切ることができる。

　チャールズ・ダーウィンは、「強いものが生き残れるわけではない。賢いものが生き残れるわけでもない。唯一生き残れるものは、変化できるものである」と述べている。そのことは、変化が求められている大学および大学図書館に対しても同様のことである。変わらなければいけない図書館、変わってはいけない図書館の変化への必要性は、あらゆるものに対して「変化できる気概」を持つことである。

注

1) 経済産業省関東経済産業局［http://www.kanto.meti.go.jp/seisaku/juten/index.html］参照。（最終アクセス　2011.10.1）

第7章
大学図書館経営におけるコンソーシアムとライフサイクル

1. 米国におけるコンソーシアム

(1) コンソーシアム誕生以前の歴史

1876年にサミュエル・グリーンが相互貸借を提唱し、1890年頃図書館相互貸借が制度として誕生した。1892年、メルビル・デューイが、ILLが乱用されたことを警戒し警鐘を鳴らした。これは各図書館の蔵書の質の低下を心配したからである。しかしながら、1899年アーネスト・リチャードソンがリサーチライブラリーにおいて非公式なネットワークを形成する。

(2) ボストン図書館コンソーシアム

ボストン図書館コンソーシアムは1970年に設立された。ボストンカレッジ、ボストン公共図書館、ボストン大学、ブランダイズ大学、ブラウン大学、海洋生物研究所、MIT、タフツ大学、ノースイースタン大学等の16機関で構成されている。参加機関全体の蔵書数は、2,700万冊である。ハーバード大学は当初不参加であり、その理由は、ハーバード大学にある蔵書だけで、利用者サービスは十分に行なえるという考え方に基づいていたとされる。大規模図書館の奢りとも言えるが、その後、ハーバード大学とMITは1996年ILL（Inter Library Loan：図書館間相互貸借）を開始することになる。

事業内容は、相互貸借（参加館に対して優先的な処理）、分担収集（タイトルごと主題ごと）、電子媒体共同購入（共同ライセンス契約の交渉）、逐次刊行物の総

合目録作成であった。逐次刊行物のタイトル数は、当初、23万5千タイトルで、ブラウン大学からその後タイトルが追加され、当時26万タイトルに増加する。図書館員の育成としては、研修のため第1火曜日にセミナーを開催している。図書館員の異動と雇用も、参加図書館間の協力で行なわれており、多くの図書館間での異動が実現した。これらの求人は、Web上でも提供されていた。組織は、理事長、副理事長、事務長、プログラム職員の4名が専任で携わっている。運営は、参加図書館の幹部によって構成されている理事会が実務レベルで動いており、経営協議会が、コンソーシアム全体の管理・運営に責任を持っている。

(3) トライアングル・リサーチライブラリー・ネットワーク

1933年に、ノースカロライナ大学とデューク大学の2校で設立された。1935年に、ノースカロライナ州立大学、ノースカロライナ中央大学が加わり、合計4大学で構成されるようになった。この時点で、4大学合計蔵書数が、1,350万冊になった。1977年には、トライアングル大学図書館協力委員会(TULCC)を設置した。さらにコンソーシアムは進化し、1980年になると、トライアングル・リサーチ・ライブラリー・ネットワーク(TRIN)を設置した。

TRINの初期の覚書は次のとおりである。「オンライン・カタログにかかわるネットワークの維持・発展」を目的とする。さらに改訂後に追加されたのは「コレクションの共同構築、資源の共有、技術革新の共同開発」である。

事業内容のコンセプトは、コンソーシアムを組むことにより、単独の図書館よりも、蔵書数によるサービスの充実等により利用者の図書館利用の便宜をはかることである。対象の利用者は、学生、教員、職員である。ただし、図書館利用者以外は対象外とした。共同プログラムは「サービスの革新、他のコンソーシアムとの連携」が目的であったが、すべての事業について共同開発はしないことも確認されている。統合プログラムとして「情報資源のシームレスな提供、同等のサービスに対する負担の低減、アクセス拡大のためのプログラム統合、単体の組織としての契約」等が目標として明言されている。

運営組織は、TRLN評議会が設置され、理事会は、4機関の学部長と図書館長で構成されている。スタッフは、理事長、トータルシステムのプログラム

の職員2名、秘書1名の以上4名が専任である。運営委員会は、4大学の図書館長、事務長、協議会議長で運営されており、協議会は、16名のプロフェッショナルスクール（Law, Medicine, Business 等）の図書館長で構成されている。

TRLN は、4つの常設委員会がある。①人的資源委員会（人的資源の活用、研修、人材の活性化のためのプログラム実施）②情報資源委員会（印刷物、非印刷物、紙媒体の資料、電子媒体の収集、保存、アクセスの実施、ライセンス契約災害から守るためのシンポジューム開催）③情報技術委員会（システムデザイン、図書館トータルシステム構築とニューバージョンの統合・開発）④図書館パブリック・サービス委員会（互恵サービスの充実、バーチャルレファレンス、サービスの調査と利用）である。このパブリック・サービス委員会の参加者は、4機関の代表者とプログラム職員と事務局である。

過去の実績（2002年）になるが、直接貸出が3万9千件、ILL 利用は、1万8千件である。

このコンソーシアムの人的資源は、図書館員としての経験を共有しながら、この活動の意義について、研修を実施することで人的支援のレベルアップに努めている。コンソーシアムの専任職員の雇用は、参加図書館の専任職員と同じ身分である。資金については、参加費、基金、外部資金、サービスに対する料金の徴収でまかなっている。特別プロジェクトについては、参加館の資源（予算等）を利用している。企画と評価については、プログラムの企画、立案、資源に対する費用対効果も加味した定期的な評価を加えている。また広報活動は、参加館職員に対する定期的な報告会を行なうことで、活動を行っている。

（4）コンソーシアムが組みにくい要因
①大規模図書館の思い上がり？

前述したとおり当初のハーバード大学がひとつの例である。大規模な図書館が、互恵でなければ共同体は成立しないという考えがある限り、大学全体としての図書館サービスのグレードアップは考えられない。企業（図書館）においても、リーダーだけでなく、例えばニッチャーとしての隙間産業として活動できる企業（図書館）も、コンソーシアムの成功に重要な役割を持つことを認識しなければ成立しない。

②変化に対する抵抗

　図書館の組織的な慣性と惰性とが、新しい事業への発展や、古い考え方から抜け出せない現実がコンソーシアムへの段階に進むことができない原因であるようだ。このことの起因は、図書館員の心理状態にある。図書館業務あるいは図書館サービスは、図書館員のためでなく、利用者のためであるのという概念がない限り成立しない。図書館サービスの改革は、機械化も含めて自分たちの仕事が楽になるのではなくて、利用者のサービス向上のための改革であることを、当然のことであるが意識しなければならない。

③ NIH（Not Invented Here）症候群

　図書館現場の館員に対して、トップダウンとしての改革は、「私たちの知ったことではない」「現場の試案でもない」「トップが決めたから」と館員が無関心な態度をとる場合がある。また、改革が必要なときは、そのタイミングが大事で、図書館員の生真面目さ、慎重さ、保守的な考えが、図書館改革を遅らせることは、現実問題としてよくある。「だけど、だけどで何にもしない」。実は改革に必要なのは「The best is the enemy of the good.：最善は良の敵である」。つまり、今日より明日がよくなれば動き出してみること。その結果が出た段階で、再度、調整するくらいの余裕も大事である。もし、最悪な事態になったら、潔くその理由を明示して謝りましょう。そして、さらなる改善策を考え始めればよいのです。

④期待および観点の相違

　コンソーシアムの構築の際、重要な目的のひとつとして、経済危機への対処あるいは財政基盤安定のためとしての政策がある。このことは、図書館経営の見地からも大事なことである。しかしながら、予算問題だけにコンソーシアム構築の目的を求めてはならない。本来は、新規事業を実現するための、ひとつの方法としてのコンソーシアムがあるのである。基本は、図書館サービス発展のための新規事業の導入である。つまり、意識の高い図書館のコンソーシアムは、より高いサービスを目指すためのものであるが、意識の低い図書館のコンソーシアムは、サービス向上よりもコスト削減を目的にすることが多い。

⑤妥協できない狭い心

　コンソーシアムを構築する際、すべての参加館に平等なメリットがあるわけ

ではない。メリットの大小には、当然のように差があるものである。ひとつの図書館の成長という観点ではなくて、図書館界全体の底上げとしての利用者への貢献を視野に入れなければならない。つまり、図書館界の成長のため、あるいはグローバルなレベルへの発展のために、協力し合うことが求められている。現代において、図書館サービスの本質を見失わずに、信念を持ってコンソーシアム構築のために「妥協」することも重要である。全員一致を目指すのは理想であるが、一致よりも「合意」を目指すコンソーシアム契約が理にかなっていると思われる。

⑥組織背景と文化の相違

大学の伝統と建学の精神と規模の相違。日本であれば、国立・公立・私立の法人、歴史、規模、予算、会計基準等の違いがコンソーシアムを組むことを難しくしている。

(5) コンソーシアム成功のための考え方

①学部あるいは大学院でのコンソーシアムを目指す。そのことで、学部での単位の互換性等の具体的な実施が始まれば、大学レベルの教育のコンソーシアムが始まり、自然発生的に図書館コンソーシアムも組むことができる。
②ステップ・バイ・ステップ。事業目標を掲げたうえで着実に前進。
③持続と忍耐。最初は現実的なものからスタートする。ある意味では、忍耐を重ね、持続することで成果が出る事業である。
③利用者と図書館員のためのもの。利用者のニーズ拡大と図書館員のモチベーションの向上。

(6) 図書館コンソーシアムのライフサイクル[1]

①コンソーシアムのライフサイクル論

2003年にシャカフによって発表された。このコンソーシアムのライフサイクルモデルに、シャカフは、ポッターの6つの基準に則して、以下の6項目を掲げた。

・参加館　・コアプログラム　・形成理由　・財源　・大規模図書館の参加の有無　・管理運営組織。

1. 米国におけるコンソーシアム

②コンソーシアムのライフサイクルのサンプリング
  ・英国：JISC DNER/NESLI（Joint Information System Committee, Distribute National Electronic resources/National Electronic Site Licensing）1996年設立、175大学参加。
  ・スペイン：REBIUN（Committee of the Conference Spanish University Principals）1996年設立、47大学参加。
  ・イスラエル：NALMAD（Israel Center for Digital Information system）1997年設立、8大学参加。
  ・オーストラリア：CAUL CEIRC（Council of Australians University Libraries Electronic Information Resources Committee）1998年設立、39大学参加。
  ・中国：CALIS（China Academic Library and Information System）1998年設立、70大学参加。
  ・イタリア：INFER（Italia National Forum on Electronic Information Resources）1999年設立、15大学参加。
  ・ミクロネシア：FSM（Federated State of Micronesia Library Service Plan 1999-2000）全大学参加。
  ・ブラジル：ANSF（Academic Network of San Paulo）2000年設立。6大学参加。
③発展段階
コンソーシアムには、次の5段階がある。最終段階の解消あるいはメタコンソーアムについては、その消滅と発展に分かれる。
  ・萌芽期：イタリア、ミクロネシア、スペイン
  ・初期発展期：ブラジル
  ・発展期：中国、イスラエル、英国
  ・成熟期：オーストラリア
  ・解消：ファーミトン・プラン、CISTI（カナダ科学技術情報協会）
  ・メタコンソーシアム：ICOLC（国際図書館コンソーシアム）、eIFL（図書館電子情報財団）

（7）図書館コンソーシアムの発展段階の理論化
コンソーシアムの発展段階の種類とその内容・特徴を紹介する。
- 萌芽期
  ①萌芽期は、本格的な活動に入る準備段階
  ②ボランティアによる非公式なネットワーク活動
  ③相互貸借がその特徴といえる
  ④公式な機構を作り出すには、政府による予算措置とコンソーシアム内部の強力な指導力が必要
- 初期発展期
  ①設置目的に掲げた目標を徐々に達成
  ②発展的には結実することのある程度の証明
  ③書誌ネットワークの相互貸借が定着
  ④電子的情報資源の共同購入が始まる
  ⑤コンソーシアムのアイデンティティの確立
  ⑥外部との連携が始まる
- 発展期
  ①外部資金の確保
  ②参加館の参加意識の高揚
  ③電子情報資源のさらなる増加
  ④この段階は最大で5年間持続
  ⑤コンソーシアムの有効性と効率性の追求
- 成熟期
  ①総合目録、相互貸借、共同購入を通して電子情報へのアクセス保証
  ②インターネット接続、基盤となるハードウェアの提供
  ③大学図書館以外の図書館も参加
  ④参加料とサービス料がコンソーシアムの運営資金になり、財政的に自立した組織
  ⑤電子情報資源のライセンス契約の重要な交渉機関
  ⑥他のコンソーシアムとの協同サービス模索

・解消・停止
　①コンソーシアムとしての生存能力の欠如
　②目的達成後の崩壊
・メタコンソーシアムへの発展
　①いくつかのコンソーシアムの協調に基づき創設

（8）国立大学と私立大学の図書館コンソーシアム
日本の大学図書館のコンソーシアムも大きく4つの段階に分けられる。
・萌芽期（1998年〜2000年）
　①イントラ型の電子ジャーナルの共同利用
　②アカデミックプレスのIDEALコンソーシアム
　③国立大学協議会6大学のIDEALオープンコンソーシアム（JIOC/NU）
　　これは2002年に解消した。
・初期発展期（2000年〜2002年）
　①国立大学図書館協議会　電子ジャーナルのタスクフォース設立
　②東京大学附属図書館事務局
　③2002年4月エルゼビア他4社との間にコンソーシアム契約成立
・発展期（2002年〜2003年）
　①コンソーシアム契約13社
　②3,800タイトルの電子ジャーナル利用が可能
　③文部科学省は、国立大学附属図書館に対して電子ジャーナル導入経費の予算措置
　④国立情報学研究所との協働による永続的アクセス保証に向けた取り組み
・成熟期（2004年〜）
　①文部科学省が、私立大学図書館にも電子ジャーナル購入に対する補助金
　②自立的な組織への脱皮
　③国公私立大学コンソーシアム連合（JCOLC）形成に向けて模索
・私立大学図書館協会コンソーシアム（PULC）結成
　①2002年ISIのWeb of Science契約の5大学からスタート
　②2008年現在、約300校参加

③版元交渉経緯：2004年Wiley23大学JMLA, JPLAとの契約検討、Blkackwell 5大学STM, HSSの全体タイトルコレクション2005年Elsevier電子オンリーで契約、Springer & Kluwer合併でタイトル数増加値上げ、2006年新規提案

④私立大学には不利なFTA契約

学生数1万人以上で参加希望している大学は25大学、大学院生数3千人以上で計算すると8校ある。

（9）ICOLCの活動

International Coalition of Library Consortia（ICOLC）は、1997年に活動を開始した。2000年9月150のコンソーシアムが参加した、コンソーシアムのコンソーシアムである。[2] 米国56％、カナダ10％、英国を除いた欧州15％、アジア4％、その他5％。日本は国立大学図書館協会のみ参加している。ICOLCは、コンソーシアムに関する声明を出しているが、1998年、2001年版の声明は以下のとおりである。

1998年版声明

①予算問題：電子情報源への財政的に容易かつ柔軟なアクセスの施策

②知的財産権問題：電子環境のもとにおける公正利用の原則維持

③保存問題：一次的利用権を得るのではなく、購入の形で入手

④出版社の価格戦略問題：印刷媒体と同じ価格での提供と、より多くの利用の推進

⑤効果測定問題：情報コストの適正値の決定と電子情報の効果的方法導入

2001年版声明

①多様な価格設定と購入モデル

印刷ベースから電子媒体ベースへの選択的購入モデル、キャンセル付加条件の撤廃

②電子ジャーナルの利用の便の向上

完全かつ首尾一貫した内容、公正利用、オープン・リンクの形成、英語以外の言語への配慮

③長期的アクセス保証とアーカイビング

将来にわたってのアクセスを保証するための出版社とのパートナーシップ、アーカイビングのコスト、アーカイビングのモデル

ICOLCの政策展開
ICOLCは資料の収集のみではなく、政策的に次の事業展開を考えていた。
①資料収集：分担収集、共同購入
②資料組織化：書誌ユーティリティ（オンライン共同目録作成、総合目録等）
③資料提供：相互協力、相互貸借、文献提供、情報検索、共同レファレンス（Question Point等）
④資料保存：分担収集
⑤図書館運営：資金調達、人材育成
⑥基盤整備：ネットワーク整備、異種類図書館システム間のデータベース交換、法的基盤等

2004年版声明
①IT促進化の必要性
②各国著作権法における教育の「例外」規定の必要性
③永続的なアクセスとアーカイビングは最大の重要性を持つ
④情報は支払い可能なものでなければならない
⑤利用統計データは、成否を分ける重要な尺度となる
⑥可能な限り最も広範なアクセス
⑦世界的規模で購読可能なアクセス
⑧可能な限り最も広範なアクセスの新しいモデル

図書館コンソーシアムが望んでいるビジネスモデル
図書館として効率のよいビジネスモデルは、次のようなものである。
①「印刷体＋」から「電子版＋」へ購入モデル移行
②印刷媒体の購読は、選択自由であること
③電子版の基本価格は電子版＋印刷版価格の80％以下であること
④電子版と印刷版の抱き合わせ価格は、現在の印刷版のみの予約購読価格以下であること
⑤キャンセル禁止条項を排除
⑥ビックディール、パッケージ取引。出版社のコレクションへの最大のアク

セス：非購買資料へのアクセス。
⑦利用されていない雑誌タイトルの値引き。それらに対するクレジットを提供すること。
⑧図書館が、それはなしで済ませると選択した雑誌タイトル。それらを値引きし（あるいは利用した分のみ支払い）それらに対するクレジットを提供すること。
⑨図書館が雑誌タイトルを削減し、これらの雑誌タイトルの予約購買価格に見合うドル対価分を補償させること。
⑩毎年、購買中止の許容割合を認めること。
⑪同一のコンテンツをン別のパッケージに繰り返し使わない。
⑫仲介者の役割を変革すること（排除ではなく）。
・SPARC（Scholarly Publishing and Resource Coalition）
① ARL の高騰する学術雑誌の価格引下げ交渉と代替電子ジャーナルの発行支援、高額学術雑誌の編集者および投稿者への攻撃、学協会出版社に対する電子的手法導入の推奨とプログラム参加図書館による新規雑誌の購入、2001 年には SPARC Europe が動き始め、国の補助金の充実を目指した。
② SPARC JAPAN
学会誌（インターネット上への発信）の発行支援を行なう組織である。現在、40 機関（学会）から 50 誌の応募、21 誌採択、16 誌検討中、NII と JST（科学技術振興事業団）との共同事業である。

2. ニューヨーク・パブリック・ライブラリーのサービスと経営[3]

（1）NYPL の歴史から現在まで

ニューヨーク・パブリック・ライブラリー（NYPL）の組織は、全部で 89 館であり、研究図書館 4 館と地域図書館 85 館がマンハッタンの中に点在している。研究図書館は、黒人文化研究図書館・舞台芸術図書館・科学産業ビジネス図書館（シブル）・人文社会科学図書館の 4 つが存在する。本館の人文社会科学図書館は、5 番街と 42 丁目が交差する場所にある。大きなライオンが、その威厳を示している。シブルは、本館の近くにあるが、ビジネスマンがアクセ

スするのに便利な場所である。舞台芸術図書館は、ブロードウエーに53丁目から少し北にある。将来の俳優、歌手、芸人等のエンターテイナーのよりどころでもある図書館である。黒人文化研究図書館は、ハーレム135丁目の近くにある。以前のような、危険なハーレムとはすっかり様変わりした。ここも、黒人研究をするための図書館としては。理想的な位置にある。このほか、地域分館として専門館であるドネル図書館、ミッド・マンハッタン図書館もマンハッタンの中心にそれぞれ位置している。利用者に対して、便宜を図った場所に位置しているのである。

①NYPLの実務重視

ビジネスの司書がその講座として、「投資に関するもの」「健康に関するもの」「インターネットビジネスに関するもの」等を提供している。市民の8割以上が、「図書館と司書は民主主義の基本となる役割を果たしている」と大いに評価している。

②電子情報

シブルは地下1階に「電子情報センター」として80台近いコンピュータを設置しており、他の米国の図書館も含めて、9割以上の公共図書館で市民にインターネットを無料で提供している。利用率の高いものとしては、ABIインフォーム・グローバルがあり、もちろん、ビジネス、マネージメント、投資、マーケティング関連の刊行物も800以上の検索も可能である。

③市民の需要

シブルの館長であるマックドナー氏は、情報の迅速な提供に常に努力していると語っている。アメリカの市民に対して、即座に回答する体勢を取ることが必要であり、具体的なサービスを常時展開していると強調していた。

④情報リテラシー教育

コンピュータートレーニングセンターの講座としては、図書館利用スキルとして目録やデータベースの使い方、インターネットのスキルとしてサーチエンジンの使い方、情報の評価法、職業とキャリア情報の探し方、ビジネス情報としてトレードマーク入門、マーケテトリサーチ、株式とファンド、行政情報として行政情報入門、立法機関情報の探し方、特許入門、商標入門、科学情報として科学情報入門、衣服・繊維情報、ビルディングと建設、食品化学、天文学情

報が提供されており、以上の講座（シブル）を、1996年開館以来7万人以上の受講者が利用している。

⑤デジタル時代のライブラリアン

豊富なコレクションと市民を結びつけるには、優秀な図書館員の存在が不可欠である。そして図書館員は、コミュニケーションの能力とネットワークの能力を持ち合わせていることが必要である。因みに、シブルのスタッフは、100名（40名専門職、60名パートタイム）で、40名の専門職は大学院レベルで図書館学およびその他の主題を学んでおり、MBA（ビジネスとアドミニストレーションの修士課程）の出身者が圧倒的に多い。

⑥就職活動

ミッド・マンハッタン図書館のなかには、職業情報センターがあり、毎晩9時までオープンしている。そこでは年間の利用者は約20万人を超えるという実績をあげている。市民に対して、就職や転職、専門技能取得のための情報を提供しているのである。さらにミッド・マンハッタン図書館では、雑誌広告の切り抜きだけを収集して、野球、デザイン、建築、衣装、猫、犬、花、家具、電子機器、食品等、多種多様な市民の興味に応えている。

⑦映画資料館

ドネル図書館は、1958年から独立系映像作品を集めており、内容はさまざまであるが、ドキュメンタリーが中心である。社会問題を取り上げた作品が多い。その時代を反映する映像資料も充実している。

⑧同時多発テロ後

NYPLは、テロ後に市民に対する情報提供などの迅速な対応ができ、市民の支持を獲得している。テロ後、数週間で利用者数が1割以上増加し、貸出数も2割近く増加した。館長のポール・ルクラーク氏は、テロ事件に対する図書館の対応を、図書館が民主主義を守る砦となってきており、そのことが、今ほど必要とされていることはないと述べている。さらに、リベラルな思想そして情報の交換、人々の協力が市民社会にとって最も重要なことであり、ニューヨーク公共図書館だけでなくアメリカ中の図書館で、情報の提供や講座の開催を通して、公共図書館が再確認されていると表明している。

⑨医療ウェブサイト

　NYPLでは、「ニューヨーク・オンライン・健康アクセス」をすでに立ち上げている。医療関係者とライブラリアンがチームを制作したものであり、その内容としては、病気、健康維持、病院、ホスピス情報等に英語とスペイン語でアクセスできる。月間、35万人以上のアクセスがあり、図書館で医療情報を得てから病院に行く市民が多いとも言われている。

⑩児童室

　マンハッタンの図書館すべてに児童室がある。全体で180万点以上の絵本・小説・ノンフィクション・雑誌・ビデオ・CD等がり、50ヵ国以上から情報が集められている。筆者も毎年NYPLを訪れるが、そのたびに多くの小さな訪問者が図書館を走り回ったり、床に寝転んだり、とにもかくにも、楽しそうに有意義に図書館での時間を満面の笑顔で過ごしている。

⑪教員の研修

　日本の学校の先生は、どこの図書館を使って勉強しているのか不思議である。公共図書館と学校図書館がタイアップすることができれば、教員研修のひとつの指針を示すことができると考えている。NYPLには、教師コーナーがありサブジェクト・ライブラリアンによって、選書されており、学校の教員向けのDBや、刊行物が検索でき、専門雑誌の全文にもアクセスができるようになっている。公共図書館の教育支援もこのような環境を準備することができれば、子どもと先生のシナジー効果があがるであろう。

⑫学校と図書館、学校図書館と公共図書館

　前述したが、NYPLでは、総合学習を実施している。毎日10万人以上の子どもたちが利用しており、年間2万5千以上の講座が開設され提供されている。この講座は、60万人が利用しており、前述した学校の先生はもちろんのこと、生徒たちへの教育システムの拡充を果たすことが出来る。

⑬市民たちの図書館

　1886年ニューヨーク州知事のサミュエル・ティルディン氏が、ニューヨーク市に無料図書館と読書室の建築のため240万ドルを寄贈した。このことをトリガーにして、1895年さらに、市民のための市民によるニューヨーク公共図書館のために、アスター・レノック・ティルディン財団がNPOとして立ち上

げられている。

⑭カーネギー氏のコントリビューション

カーネギーの資産の9割である3億5千万ドルのうち、5600万ドルを投じて1971年までに米国・英国に2509館の図書館を建設している。ニューヨーク州には、1901年に520万ドルの寄付があり、公共図書館の地域の分館として39の図書館を建設した。ちなみに、シブルの建築総工費は、その1億ドル（120億円）の半分がニューヨークの資金、残りの半分が企業と市民等の寄付金であった。

⑮ライブラリーフレンド

フレンズ・オブ・ライブラリーには、1,250ドルから2万5千ドルまでの幅がある。また、企業側も、1,000ドルから2万5千ドルの幅がある。NYPLの本館の貸出しにも応じており、大ホールは2万ドルを支払えば各種パーティに使用することができる。

⑯財政難危機

同時多発テロ後、ニューヨーク市は大幅に予算削減した。約14億円の予算削減を実施したが、テロ後市民たちは、図書館の予算削減は自分達市民に対する死活問題であるとの認識に基づき基金支援としてのキャンペーンを実施し、2年後にはと19億円の基金を集めた。このことからも、市民たちが作る自分たちのための図書館という認識が明確である。

⑰デジタル化の4ステップ

NYPLのデジタル化に関する政策とは、第1段階として、購読あるいは外部の電子情報の統合（データベース、電子ブック、リンク集）を行ない、第2段階として、検索ツールと資料検索支援（検索システムの開発）を行ない、第3段階として、所蔵資料のデジタル化（デジタルコレクション）を行ない、第4段階として、研究教育情報用のデジタル化資料の開発（デジタル資料を使った教材の作成）を行なっている。

⑱デジタル化の利用者教育

第1段階として、公共インターネット端末および電子情報の提供（デジタル情報へのアクセスを保証）を行ない、第2段階として、コンピュータ利用講座（デジタル情報利用のための基礎知識の習得）を行ない、第3段階として、電子情

報活用講座（専門分野の情報収集や活動の能力の強化）を行なっている。

⑲ NY の公共図書館と書店

インターネットカフェの違いとは、第一に、図書館は、印刷媒体から電子情報、出版ルートに乗らないチラシから歴史の記録まで、多様な媒体による豊富な情報を、過去に遡って体系的に蓄積している。第二に、図書館は、膨大な情報のなかから適切なものを選び出し、評価を加え、アクセスしやすい検索システムを作り、情報の水先案内・知の体系化をも含めたガイドとなる。第三に、図書館は、市民の情報活用力を育成するとともに、情報環境を整備する。第四に、図書館は、人と人との出会いの場を創出、新しい知を生み出す。第五に、図書館は、研究スペースなど、知的活動のための空間を提供している。第六に、著作権や、デジタル化などをめぐる新しい動きに対して、民主的な情報環境つくりのために行動している。

さらに、ニューヨーク公共図書館の政策とキャンペーンによると、ブッシュ前大統領の時代、「図書館による教育と情報提供が民主主義の強化につながる」として2004年に図書館関係予算が15％増加した経緯がある。また、米国図書館協会では、「インターネット時代だからこそ図書館が市民の情報拠点として重要である」という図書館キャンペーンも実施している。

（2）アメリカから学ぶ日本の公共図書館の課題

日本の公共図書館では、指定管理者制度が多くの図書館で採用されている。しかしながら、おおくの市民はそのことに反対しているが、その反対理由も必ずしも明確な理由があるとも思えない。良い公共図書館を確立するためには、市民や地域住民の参加が不可欠であると同時に、公共図書館の図書館員のレベルアップも必要である。さまざまな運営方法があるなかで、市民が市民のための図書館を作るために何を具体化するか（かね、ちえ、ちから等）である。

日本の公共図書館の方向性を模索するために、最近のアメリカ西地区で最も大きな公共図書館として建設されたシアトル公共図書館を紹介する。開館が2004年5月、建物は地上11階地下1階の総面積3万3千平方メートル、総工費188億円（市債50％、マイクロソフト社、スターバックスコーヒー、ボーイング社からの寄付）、蔵書数78万冊、職員数330人（ライブラリアンになるのは修

士号が必要、大部分が複合学位そして MBA が多い)、分館 23 館、年間予算 40 億円（市税、財団、市民からの寄付）、サービス内容は自動貸出（IC タグ＝電子荷札、自由返却＝完全自動分類システム)、130 台のパソコン設置、50 以上の商用の DB の無料提供など。なお、シアトルの人口は 54 万人である。最後に、シアトル公共図書館のマニフェストを紹介する。「われわれの使命は、非常にすばらしいサービスを提供できるように、われわれがサービスする人々に合わせて、また、お互いに行動を支えあうことによって、世界の最高の公共図書館となることである。ありとあらゆる知識や情報への簡便なアクセスを推進することによって、また教養のある一般市民、生涯教育、読書のよろこびを支援するために、われわれのコミュニティ内の人々すべてに情報を提供し、豊かにし、能力を高めようと努力する。われわれは、図書やその他適切な資料を取得し、組織化し、提供する。国中の、さらには世界中の情報源へのアクセスを確保する。熟達し、配慮に富む手助けによって人々にサービスを提供する。そして、コミュニティのすべての構成員にまでそれが行きわたるようにする」。使いやすい図書館として、非常に高い市民の評価を受けている。

　ニューヨーク公共図書館、シアトル公共図書館の歴史、組織、運営、サービス等を理解することにより、今後の日本における公共図書館の方向性が見えてくるのではないだろうか。

注
1) 尾城孝一「図書館コンソーシアムのライフサイクル」『カレントアウェアネス』CA1553、2005.3、No.283、p.15-18.
2) ICOLC 国際図書館コンソーシアム連合 [http://www.library.yale.edu/consortia/icolcpr.htm] 参照。（最終アクセス　2011.10.1)
3) 菅谷明子『未来をつくる図書館：ニューヨークからの報告』岩波新書、2003 参照。

第8章
図書館経営におけるプライバシー保護

1. 図書館の自由としての権利宣言

(1) 1939年ALA評議会における「図書館の権利憲章」の採択

　ALAの図書館の権利憲章（Library's Bill of Rights）が採択された経緯は次の事件がその発端であった。これは、1938年アイオワ州デイモン公共図書館の図書選択基準方針のもとに策定されたものである。そして、それは1939年に刊行された作家スタインベックの図書「怒りの葡萄」に起因する。この図書の図書館の受入について、資本家たちからの批判の声が強くなってきたために、図書館としては資料購入の権利を守るために、文書を作成することが必要になってきた。図書館の図書選定の基本方針を定め、その方針に則して蔵書構築することを死守することが、まさに図書館の自由を守ることであるとの認識に立ち、それを保障するものとして権利憲章が必要となったのである。

　「怒りの葡萄」の受け入れについての賛否両論が激しく闘わされたのは、1929年に始まった大不況が経済変動を起こしたのがそのきっかけであったがこれは、アメリカの資本主義的な経済システムの進化でもあった。この経済システムは、農業経営のあり方に大きな影響を与えることになる。比較的小規模の土地を労働集約型に耕作する農業から、資本集約的に広大な土地を確保し、ブルドーザーやトラクター等の大型農業機械を導入して耕作を発展させる方法に急速に進行していく。農業経営の資本主義化である。カリフォルニアに大量の果実や穀物が実っているのに、そして一方には飢えた人々がいるのに、それらの果実や穀物は収穫されずに、むざむざと腐り果てていくのである。なぜ、

このようなことが起こるのか。大農園・大資本による果実の価格操作と農業労働者に対する賃金操作の結果である。富めるものは一層豊かになり、土地・資本を増やしていくが、貧しいものは一層貧困になり、わずかに所有していた土地も失ってしまう。このことで、多くの貧しい農民たちが土地を失い、仕事も失うかたちで追い出されていく姿を扱った小説である。この内容が、多くの市民の理解を得て、ベストセラーになったのであるが、このことに対して資本家たちは、スタインベックの著作が多くの一般市民に読まれないように、図書館が「怒りの葡萄」を購入することに反対したのである。

これに対して、図書館界は、「図書館の権利憲章」として、図書館の自由について掲げ、その後、この権利憲章は1948年に「図書館の権利宣言」(Library Bill of Rights) と改め公共図書館だけでなく、全図書館に適用されるものとして認識されていき、検閲に対する姿勢を明確にしていった。

1．図書館サービスの責任において、選択される図書およびその他の読書資料は、コミュニティのすべての人々の関心、情報、啓蒙に役立つかどうかという観点によって選ばれるべきである。いかなる場合にも、著者の人種、国籍、あるいは政治的、宗教的な見解を理由として資料が排除されてはならない。
2．国際的、全国的、地域的な問題を問わず、現代の問題や争点に関して、どのような観点にたつ資料であっても、それらを可能な範囲で最大限に備えるべきである。しっかりした事実にもとづく典拠をもつ図書あるいはその他の読書資料は、党派あるいは主義のうえから賛成できないという理由で、図書館の書架から締め出され取り除かれることがあってはならない。
3．道徳的、政治的な意見の自発的な決定者や、アメリカニズムを強制しようとする団体が、主張したり実践したりする図書の検閲は、活字を通じて住民に情報を提供し、啓蒙を行なうという図書館の責任を果たすために、図書館によって拒否されなければならない。
4．図書館は、アメリカの伝統であり、遺産でもある思想へのフリーアクセスや表現の完全な自由に対する制限に抵抗するために、科学、教育、出版の分野における朋友グループに協力を求めるべきである。

5．民主的な生き方を教育する一つの機関として、図書館は、社会的に有用な活動や文化的な活動のために、また現今の公共の問題を討論するために、集会室の利用を歓迎すべきである。そのような集会の場は、コミュニティのすべての構成員のグループに対して、信条や所属機関にかかわりなく、平等に提供されなければならない。

その後、1961年、1967年、1980年と改訂を重ねていくが、それぞれの時代を反映しながら、アメリカの図書館界における基本的文書として発展していく。1980年に大幅改訂が以下のとおりあり現在に至っている。

1．図書およびその他の図書館資源は、その図書館が奉仕する社会のすべての人々の関心、情報および啓発に役立つように提供されるべきである。資料は、その創造にかかわった人たちの出身、経歴、あるいはその見解を理由として排除されてはならない。
2．図書館は、今日および歴史上の諸問題について、さまざまな観点にたつ、すべての資料および情報を提供すべきである。資料は、党派あるいは主義のうえから賛成できないという理由で、締め出され、または取り除かれることがあってはならない。
3．図書館は、情報を提供し啓発するという図書館の責任を達成するために、検閲を拒否すべきである。
4．図書館は、表現の自由および思想の自由の抑圧に抵抗することにかかわるすべての人々、団体と協力すべきである。
5．図書館の利用に関する個人の権利は、その人の出身、年齢、経歴、あるいは見解によって拒否され、または制限されることがあってはならない。
6．展示スペースおよび集会室を、一般の利用に供している図書館は、それらの利用を求める個人または団体の信条、所属関係にかかわりなく、公平な基準で施設を利用に供するべきである。

1967年までの「民主的な生き方を教育する機関」から、「情報と思想のひろば」へと改めたことは、現代の情報社会の状況を反映しており「図書館の自

由」をさらに確立したものでもある。

日本における、日本図書館協会（JLA）「図書館の自由に関する宣言」（1954採択、1979改訂）および「図書館員の倫理綱領」は巻末資料3に掲載。

（2）焚書の歴史と日本の戦後の焚書

焚書坑儒とは、秦の始皇帝が思想・言論の自由を抑圧した事件の名称とされている。紀元前213年に、始皇帝は、医学、占い、農業以外の書物の所有を禁じた。儒家をはじめとする諸氏百家の焚書を行なった。儒教の経典である、六経のうちの楽経はこの時代に失われ、五経として漢代に確立された。翌年の紀元前212年盧生や候生といった方士や儒者が、始皇帝が刑罰を頻繁に行なっていると非難し逃亡したために、方士や儒者460人を生き埋めにした（抗儒）。このようなことは、ドイツのヒトラーによる第二次世界大戦時のユダヤ人の虐殺、思想・言論統制の焚書についても、忌まわしい歴史的な事実として語り継がれている。ナチスによる焚書について、自由主義諸国の厳しく、激しい批判を浴びたのは1935年のことである。

日本の戦中・戦後においても以下のような焚書はあった。

・プランゲ文庫：「プランゲ文庫」は、1945年から1952年の連合国による日本占領下時代の、特に1945年から1949年にかけて発行された出版物（図書、雑誌、新聞）のコレクションである。連合国最高司令官総司令部（GHQ/SCAP）民間検閲部隊（Civil Censorship Detachment, CCD）は、占領政策の浸透と思想動向の綿密な調査を行なうために、検閲を実施した。検閲の対象は、わが国で出版されたあらゆる図書、雑誌、新聞のほか、映画、演劇、放送番組はもとより、学級新聞のようなミニコミ誌、郵便、電報におよび、さらには電話の盗聴も行なわれた。検閲制度は、1949年10月に終了するが、同年11月にCCDが廃止されるに際し、検閲のためにCCDに提出されその後保管されていたこれらの大量の資料の処分が問題となった。当時、連合国総司令部の民間検閲局（CCD）に勤務していた米国メリーランド大学教授のゴードン・プランゲ博士（Gordon W. Prange, 1910-1980）が、この資料の歴史的価値に注目し、米国のメリーランド大学に図書、雑誌、新聞を移管させ、現在マッケルディン図書館に所蔵されている。同大学では、1962年から資料の整理を開始し、1978年に

は正式に文庫名を「ゴードン・W・プランゲ文庫」と命名した。雑誌約13,800タイトル、新聞・通信約18,000タイトル、図書約71,000冊、通信社写真10,000枚、地図・通信640枚、ポスター90枚からなるものであるが、この中には、約60万ページの検閲文書も含んでいる。この蔵書は、国立国会図書館が開館する1948年6月前の、戦後のあらゆる意味での空白期を埋める大事な貴重な資料ということができる。

　雑誌については、メリーランド大学と国立国会図書館との共同事業として1991年から目録作業を開始し、1993年から1996年にかけてマイクロフィルムに撮影した。新聞・通信については、メリーランド大学の独自のプロジェクトで作成されたマイクロフィルムを1997年から国立国会図書館で購入を始めた。図書については、2005年5月に同大学との間で共同事業の了解覚書を締結し、第一段階として児童書のマイクロフィルムでの収集に着手し、2006年10月から「国際こども図書館」で順次公開している。この中から、手塚治虫氏の幻の初期短編集5作が発見された。この原稿は、1946年に手塚氏がデビューした後の1947、1948年に雑誌に発表されたが、原稿も記録も日本には残っていなかった。これが、プランゲ文庫の所蔵の雑誌データベースから発見されたのである。内容は、「タメシ斬り」(『少年・少女　漫画と読物』1948年5月号)、「やりきれません」(『新世界』1948年3月号)、「ハンスと金のかみのけ」(『漫画と読物』1949年1月号) である。このことで、手塚治虫氏の作品の歴史がかなり埋まったことになる。手塚作品についてはもちろんのこと、手塚研究のひとつの重要な契機になる。

　「プランゲ文庫」は、前述のとおり、戦後日本で空白になってしまった日本研究を補完する貴重な資料といえる。

　・没収指定図書リスト、GHQに没収された図書：GHQによる焚書といえるものである。これらは、アメリカが日本を軍国主義から民主主義へ復活させるために、戦争関係の資料を焚書したというわけである。しかしながら、これらの資料の中には、学術的にも文学的にも非常に優れた作品も含まれていた。これらの作品を読むことができない日本人にとっては、とても残念なことであった。1982年に文部省社会教育局が「没収指定図書総目録」[1]を出版した。この資料には、約7,000種類のリストがあり占領時期に文部省が業務用に作成した

一覧表の復刻版である。内容は、土井晩翠「アジアに叫ぶ」、新渡戸稲造「米国人の観たる満州問題」、武者小路実篤「大東亜戦争私感」等、文学的に優れた作品である。現物の図書が、7,000リストのうち約4,700冊戻ってきている。これは、GHQの没収の際、流通ルートに乗らないものは古書店で保管されていたため、日の目を見ることができたのである。これらの書名などを一覧にした「GHQに没収された本」[2]が出版されている。

・NDLの米国立公文書館別館分室：米国立公文書館別館には、第二次世界大戦以降の膨大な歴史史料が保管されている。当時の連合国軍総司令部（GHQ）が収集し、管理していたもので段ボール1万箱以上にわたっている。もちろん、これらの資料は非公開である。国立国会図書館は、これらの史料を日本の史実として残すために、これらを、マイクロフィルムに保存するための事業を継続している。

・追放図書：GHQの命令に基づき1946年から1948年にかけて、約7,700種の図書を没収している。このことは前述のとおりである。しかしながら、没収の対象になるのは、書店や書籍取次業者、出版社、官公庁などが所有する書籍が対象で、個人と図書館は対象外であった。同時に、GHQからの圧力により図書館が独自に自主規制したものもあり、これらの資料を「追放図書」としてラベルをつけて職員のみが出入りできる書庫に管理していた。鹿児島県立図書館では、724種839冊の「追放図書」を保存していた。内容は、「勤皇の神吉田松陰」「日本精神通義」「非常時局読本」「やまとこころと独乙精神」等である。山口県立山口図書館では、軍国主義関係、国防軍備関係、大東亜戦争関係などの基準をつくり約1万4千冊を廃棄した。

鹿児島県立図書館では廃棄せずに、長年の間非公開という形で規制しながら、図書を維持管理してきたが、1994年以降やっと公開された。

（3）利用者のプライバシー保護について
・ピノキオ事件[3]

ピノキオ事件の発端になったのは、四方八州男氏が小学館刊行の童話集の一部に障害者に対する差別を助長する内容があるとの抗議があったことである。1976年11月24日付の小学館の「謹告」によれば、最も問題視されて

いるところは、「びっこ」「めくら」といった差別表現であったようである。「ピノキオ問題」のなかで、児童文学「ピノキオ」をめぐって種々の障害者差別論が論じられた。児童文学としての「ピノキオ」とかかわって問題にされた障害者差別論は次の6点で整理されている。(第1)障害者や障害者の家族が差別だと感じることは障害者差別であるという論。(第2)障害者を悪者として描いているから障害者差別であるいう論。(第3)障害者を哀れなものとして描いているから障害者差別という論。(第4)「差別用語」を使用しているから障害者差別という論。(第5)障害者を因果応報の結果とすることは、障害者差別であるという論。(第6)作品が描かれた当時の社会的な障害者観、および、作家の障害者観が障害者差別に基づいたものでるという論。

　名古屋市立図書館では「ピノキオ」の内容が障害者差別をするものであるという市民団体からの指摘を受け、児童室から同書を引き上げる事件があったが、「明らかに人権またはプライバシーを侵害すると認められる資料を除き、資料提供をしながら市民と共に検討する」こととして、次の3原則を確認したうえで再び同書は書架に戻された。①問題が発生した場合には、職制判断によって処理することなく、全職員によって検討する。②図書館員が、制約された状況の中で判断するのではなく、市民の広範な意見を聞く。③とりわけ人権侵害にかかわる問題については、偏見と予断にとらわれないよう、問題の当事者の意見を聞く。この差別問題は、ほかの分野にも広く存在するのものであることを図書館界に認識させた事件といえる。

・少年法

　少年法と「図書館の自由に関する宣言」：少年法は、61条で加害少年について氏名など本人と推察される記事の掲載を禁じている。少年法は、少年の更正が目的で、実名報道が社会復帰の妨げになると考えるためである。一方、「図書館の自由に関する宣言」(1979年改訂)では、閲覧を制限する場合を、①人権またはプライバシーを侵害するもの、②わいせつ出版物であるという判決が確定したもの、などに限定している。この宣言は、憲法が保障する表現の自由に基づいている。

　これに関して、日本図書館協会では、「図書館の自由委員会」が素案をま

とめた。この素案の検討が始まったきっかけは、未成年の容疑者の実名や顔写真が掲載された雑誌や新聞を、原則閲覧できるようにするというものである。

・大阪・愛知・岐阜の連続殺人リンチ事件：この事件は、発生当時少年だった3被告に死刑を言い渡した。判決後に、週刊新潮が実名で報じた。同時に、朝日新聞社が、少年事件で死刑が確定すれば「更正（社会復帰）に配慮する必要が基本的に消える。死刑が誰に執行されるかは、公権力の監視の意味でも明確にされるべきである」という理由で、原則実名にする方針を打ち出したものである。

・神戸連続児童殺傷事件：これは、1997年の事件である。当時14歳の加害少年の顔写真を、写真週刊誌「フォーカス」が掲載した際、図書館協会は「少年法に抵触する可能性が高く、人権侵害に該当すると考えられる」と表明した。翌年に文芸春秋がこの事件の供述調書を掲載した。この際、図書館協会は「頒布差し止めの司法判断が図書館に通知されたうえ、被害者が提供制限を求めたとき」は閲覧制限するという意見を述べている。その後、1998年、堺市の幼稚園児ら3人殺傷の通り魔事件では、新潮社による殺傷事件実名報道の損害賠償訴訟で、大阪高裁は2000年に、少年法は実名報道されない権利を必ずしも与えているとはいえないという判断をしている。

　連続殺人事件報道の週刊文春の損害賠償訴訟で、最高裁は2003年、本人と推測できる仮名を使った報道は、必ずしも禁止されないという判決を下している。

　図書館の自由委員会は、①「少年法61条は報道に関する規定であり、出版物の流通・頒布についての規制ではない」②「重大な犯罪事件は公共の利害であり、報道を契機に論議が立ち上がる社会的関心事」として提供を原則認めるという素案をまとめた。もちろん、この情報を提供することで図書館が処罰され、損害賠償を命じられる場合は例外としている。そして、各図書館の経営方針によって、内規を決め閲覧を外す図書館も、素案と異なる考え方をもって経営する図書館もこのことは自由であり、各図書館の自主的な判断を尊重するとしている。

・山口・徳山高専女子学生殺人事件：この事件では、殺人容疑で指名手配された19歳の男子学生が、自殺したことが分かり、読売新聞では実名と写真を掲載した。この対応について、ある図書館では、当初、記事全体に紙を貼ることで対応し、その後、実名と顔写真部分だけ紙を貼る形に変えた。「図書館の自由委員会」の素案が提案された後は、希望者には紙を貼っていない新聞と雑誌を提供することになった。ある図書館では、4日間のみ読売新聞の実名と顔写真に白い紙を貼った。4日後に紙を外した理由は、自由委員会の素案に対して、さまざまな資料や情報を提供しなければならないと考え同調したのである。他の図書館では、当初、閲覧室から撤去していたが、その後、実名の部分にシールを貼ることで提供したが、10日後には知る権利を最大限保障すべきであると判断して、制限を解除して提供している。

・山口県光市母子殺害事件：1999年4月、会社員とその妻（当時23歳）と長女（同11ヶ月）が、元少年（当時18歳）に殺害された。元少年は殺人罪などで起訴され、死刑求刑に対して1,2審は無期懲役を言い渡したが、最高裁は2006年6月「少年だったことは死刑回避の決定的事情とまでは言えない」と審理を広島高裁に差し戻している。2008年4月の差し戻し控訴審で広島高裁は、死刑を言い渡したが、現在、元少年側が上告している裁判である。この事件のルポルタージュ本の著者は、「元少年の実像を伝えるには実名が必要で、本人の了解も得た」と述べている。この本の販売について、書店側の対応もさまざまである。元少年側が求めた「出版差し止め」の仮処分について、裁判所の結論が出ていないこともあり、販売を自粛した書店もあるし、完売した書店もある。少年法には、「家庭裁判所の審判に付された少年や少年の犯した罪で起訴された被告について、本人と推測できるような記事や写真を新聞や出版物に掲載してはならない」と定めている。「少年法は、少年の育成や更正にとって重要という観点から実名報道を禁じている。本人の了承の有無は関係なく、少年の実像を伝えることに意味があっても、それは実名でなくても可能である」と、このような実名での出版をすべきではないとの見解を沢登俊雄・國學院大学名誉教授（少年法）は述べている。今回のこの事件の出版については、書店の

販売以前に、実名で出版するかという問題はもちろんあるが、図書館経営としては、これらの種類の出版物を購入するか、そして、購入した際、どのような形で提供するかを慎重に検討しなければならない。

2. 米国のテロ（Sep.11）後の「愛国者法」とは

　2001年9月11日の同時多発テロで、ニューヨークの国際貿易ビル（ツインピークス）が襲われ、多大な被害を受けた。この建物の中に、図書室を含めた情報提供機能を持つ図書館が約40館存在した。同時に、そこで勤務をしていたプロフェッショナルライブラリンも被害を受けたことになる。この悲劇、そして損失は多大なものである。IFLA（International Federation of Library Association and Institutions）は、テロ直後、次のとおり「図書館はテロに屈しない」と声明文を発表した。

　IFLAは1999年3月25日オランダのハーグで開催された、情報へのアクセスと表現の自由の委員会で承認された「図書館と知的自由に関する声明」を掲げる。[4]

　国際図書館連盟（IFLA）は、国際連合世界人権宣言に定められた知的自由を支持し、擁護するとともにこれを推進する。国際図書館連盟は、人が知識、創造的思考、および知的活動を表現したものにアクセスし、また自分の見解を公然と表明できる基本的な権利を有することを宣言する。国際図書館連盟は、知る権利と表現の自由が同一の原則を2つの側面から把握したものだと信じる。知る権利は思想と良心の自由のための必要条件であり、思想の自由と表現の自由は情報への自由なアクセスにとっての必須不可欠の条件である。国際図書館連盟は、知的自由を支持することが図書館情報専門職にとっての中核的責任であると断言する。したがって、国際図書館連盟は、図書館と図書館員に対して、知的自由にかかわる諸原則、すなわち無制限の情報へのアクセスと表現の自由を支持するとともに、図書館利用者のプライバシーを認めることを要求する。国際図書館連盟は、その会員に対して、これら諸原則の受入れと実現を推進する活動の展開を促すものである。そう促すことにおいて、国際図書館連盟は、以下のことを確認する。

・図書館は、情報、思想および想像力のある諸作品へのアクセスを提供する。図書館は、知識、思想、および文化に通じる扉の役割をになうものである。
・図書館は、個人と団体の両方に対して、生涯学習、自立した意思決定および文化的発展のために不可欠な支援を提供する。
・図書館は、知的自由の発展と維持に寄与するとともに、基本的な民主主義的諸価値と普遍的な市民的諸権利を守るうえで役立つものである。
・図書館は、知識と知的活動が表現されたものへのアクセスを保障するとともにそれを容易にするという両面の責任を帯びている。この目的を果たすために、図書館は、社会の多元性と多様性を反映したできる限りの種々さまざま広範囲にわたる資料を収集し、保存し、利用に供さなければならない。
・図書館は、自由に情報を入手し、組織化し、流通させ、あらゆる形態の検閲に反対しなければならない。
・図書館は、図書館資料の選択と図書館サービスの利用が政治的、道徳的、および宗教的見解によってではなく、専門職の考慮検討を通じて行なわれるものであることを保障しなければならない。
・図書館は、すべての利用者に対して、その資料、施設設備およびサービスへ平等にアクセスできるようにしなければならない。図書館は、人種、信条、性別、年齢またはその他のいかなる理由によっても、利用者を差別してはならない。
・図書館利用者は、個人のプライバシーと匿名性への権利を有するものである。図書館専門職とその他の図書館職員は、図書館利用者の身元ないしは利用者がどのような資料を利用しているかを第三者に開示してはならない。
・公的資源が充当され公衆がアクセスする図書館は、知的自由の諸原則を支持しなければならない。
・図書館専門職および当該図書館に勤務するその他の職員は、それらの諸原則を支持する義務がある。
・図書館専門職とその他の専門的職能を持つ図書館職員は、自分たちの使用者および図書館利用者の双方に対して、自分自身の責任が果たされなけれ

ばならない。それら両者に対する責任の間に葛藤が生じた場合には、図書館利用者に対する義務が優先されなければならない。

2001年10月から2005年12月にかけてUSA Patriot Act（米国愛国者法）が制定された。ジョージ・ブッシュ大統領は次のとおり演説している。「テロとの戦いは新しい種類の戦争。我々の敵は、都市の陰に隠れている連中だ。愛国者法は米国の自由を減じるのではなく、自由を守るものだ。」（2001年10月26日愛国者法調印式）これまでの図書館の捜査協力義務を拡大化したのである。オサマ・ビンラディンに関する書物を借り出した者のリストの提出、図書館を利用しているテロリストがいないか等の情報を求めている。

1978年外国諜報監視法（Foreign Intelligence Surveillance Act of 1978）は、合衆国の人が関連しない外国諜報情報を取得し、または、国際テロリズムもしくは秘密諜報活動の防止を目的とする捜査のために、帳簿、記録類、書類、資料、その他の物品の作成を求める命令を請求することができると定めてある。このことは、連邦捜査局長または同局長が指名した者であれば、請求できることになっている。さらに、図書館の利用者記録、貸借記録、コンピュータ利用のログ、検索ログも捜査の対象になっているという。この愛国者法215条は、2005年12月31日までの時限立法（愛国者法224条）としてスタートしている。これに対する、ALA（米国図書館協会）の対処は、次のとおりとなっている。

2002年1月には、図書館員のための愛国者ガイドラインを公表している。①前もって弁護士と相談しておくこと。利用者データの収集方針を見直すこと。②捜査官が来館したときには、弁護士を呼んだうえで対処すること。③捜査官が立ち去ったあとは、弁護士に捜査についての情報公開の範囲等を相談すべきこと等を勧告している。

また、同4月、6月に図書館に関係する愛国者法の主要規定の解説を公表すると同時に、愛国者法に基づいて捜査できるのはFBIのみであることの注意を喚起している。2003年1月には、愛国者法および他の定めが図書館利用者の憲法上の権利を侵害しているとし、連邦議会にその改正を促す決議を行なっている。図書館の対処について、イリノイ大学図書館研究センターによる調査も行なわれている。

それは2002年の調査であるが、5,094館（一日の利用者数5000人以上）の公共図書館から1,505館の図書館長を選びアンケート調査したものである。906館（回収率は60.2%）の図書館長から回答があった。利用者のインターネット利用規則を変更したのは9.7%、テロリストを支援するために用いられる資料を自発的に除籍したのは1.3%、また、愛国者法についてスタッフ等の訓練を行なったのは60%であるが、同法に則して図書館の方針を変更したのは10%程度である。図書館員が自発的に利用者を監視するという意味で、利用者が返却した図書に対して注意を払うようになったのは、8.5%。テロ関連で捜査官に自発的に情報を提供したのが、4.1%である。この調査によると、連邦の捜査官あるいは州の捜査官から訪問を受け、記録の提供を求められたのが、10.7%、FBIの訪問を受けたのは3.5%である。

　ニューヨーク州に隣接しているコネティカット州のケビン・オコナー州検事長は、愛国者法の運用に慎重を期することを条件に次のような「シナリオ」を例示している。「ある人物が橋の爆破を計画し、図書館で資料を集めていたとする。実際に事件が起きていないので、従来なら捜査令状は取れなかった。では、3000人が死ぬのを座視するのか。それはできない。図書館条項はこんな状況でテロ阻止に役立つ」と述べている。同州のハートフォード図書館の図書館長ルイーズ・ブラロック氏は「法律は守るけれど、私の大切な使命は利用者のプライバシーを守ることである。この愛国者法の運用については、難題を背負い込んだと感じている」。オコナー州検事長は、さらに続ける。「図書館が抱く懸念は正当なものだ。だが、図書館が捜査当局の手の届かない、テロリストの隠れ場となってはならない」。

　これに対して、ALAワシントン事務所長は、次のことを不安がる。「私は殺人ミステリーを愛読しているが、断じて殺人鬼ではない。秘密捜査で、人々が図書館利用を不安がることを恐れる」と言う。ブラロック館長は「愛国の名のもとに建国の理念である自由が制限される不安を抑えることはできない。Library（図書館）の本質は、Liberty（自由）ですから」。

　この図書館条項を含む16項目が2005年の末に期限切れを迎えた。その延長の是非は大きな政治問題になったが、結局、2006年1月～2010年12月までのさらに5年間の延長が決定した。

注
1) 文部省社会教育局編『連合国軍総司令部指令没収指定図書総目録』今日の話題社、1982年、418p.
2) 占領史研究会主宰澤龍：ＧＨＱに没収された本、サワズ出版、2005、439p.
3) 国立国会図書館　2005年度中堅職員ステップアップ研修講義、南亮一（国立国会図書館）図書館の自由：「図書館の自由に関する宣言1979年改訂」の再確認
4) IFLA図書館と知的自由に関する声明［http://ifla.queenslibrary.org/faife/policy/iflastst/iflastat_ja.htm］より。（最終アクセス　2011.10.1）

第9章

図書館経営における著作権問題

1. 著作権とは

（1）福澤諭吉と著作権

　福澤諭吉は安政7（1860）年と文久元（1861）年に幕府遣欧使節として欧米各地を視察したが、帰国後、『西洋事情』として欧米各地の図書館事情についての著作の中で次のとおり著わしている。「西洋諸国の都府には文庫あり。ビブリオテーキと云ふ。日用の書籍図書等より古本珍書に至るまで万国の書皆備わり、衆来りて随意に之を読むべし。但し毎日庫内にて読むのみにて家に持帰ることを許さず、ロンドン文庫には80萬巻あり。ペートルスビュルグの文庫には90萬巻、パリスの文庫には150萬巻あり。仏人云ふ、パリス文庫の書を一列に竝るときは長さ7里なるべしと。文庫は政府に属するものあり。外国の書は之を買ひ、自国の書は国中にて新に出版する者より其書一部を文庫へ納めしむ」。

　この短文によって、ロンドン大英博物館、ペートルスビュルグの図書館、フランス国立図書館について、国立図書館、公共図書館があり納本制度があったことも知ることができる。

　図書館・図書については、前述のとおりであるが、さらに著作権について福澤自身が、著作権者として偽本に苦しんだことで、著作権の重要性についての認識を明治政府に求めている。2005年に偽本「学問のすすめ」が兵庫県新宮町で3冊発見された。「学問のすすめ」は40万部売れた当時のベストセラーである。当時の人口は、3,500万人であるから、90人に一人が読んだことになる。

明治政府はこの本を国民が大いに読むことを奨励した。このことは国民の成長については結構なことであったが、同時に、偽本が流布することになった。冒頭の新宮町の偽本もその図書の中には、知事が偽本の出版を大いに勧めているような訓示が書かれていた。

また、福澤には、多くの出版関係者から「偽本の出版許可」を求めた手紙が寄せられた。福澤はこのことに対して、「偽版は文化を害する。西洋文明の国々でも著者を保護する法がある」と著作権の必要性を説き、再三にわたって文部省に偽本を取り締まるように嘆願していた。

福澤は、政府から再三内閣に入ることを求められていたが、民間人として国民を教育して行くというスタンスは崩さなかった。そのため、自らの思想家として活動、家計の問題、慶應義塾の経営も含めて、本の販売による著作権料収入は福澤や福澤家の死活問題ではあった。その意味では、「学問のすすめ」が、日本における最初の著作権問題といっても過言ではない。

(2) 著作権のコンセプトとは

Copyright を翻訳すると、著作権である。英語の訳としては正しい訳であるが、著作権を守ることは、Human Right（人権）を守るということである。著作権者を守るための法律が、著作権法と考えれば、あらゆることの理解が容易であると思われる。図書館が著作権者を守りながら、図書館サービスをより拡充していくために守るべきものは、複製権（Reproduction）である。つまり、図書館業務においてサービスを向上していくためには、著作権者の利益を遵守しながら、利用者へのコピーを中心とした情報提供のために複製権も守りながら、さらにサービスを拡充していくことである。図書館の業務の拡充は、著作権法と相反する立場で対立するものではない。

例えば、著作権の侵害とは、次のようなことを考えると分かりやすいのではないか。「律令時代の日本にあった"三世一身の法"（新たに開墾した土地は孫の代まで私有できるが、その後天皇に返す）は、ある意味で著作権と似ている」[1]「著作権の保護期間が"原則として著作者の死後50年"とされた主な理由が、"孫の代まで利益を与える"ということだったことから」[2] ということである。

国や地方公共団体が、道路を作るとき土地を没収する。半ば強制的に実施さ

れるが、土地所有者にしてみれば、精神的、経済的な、あるいは人生の歯車まで狂ってくる、大問題である。相談も許可もなく、ある日突然、土足で踏み込んでくることは、著作権者の承諾を得ずに勝手に資料を使用したり、公表したりすることと同様で、許されることではない。土地所有者にしろ、著作権者にしろ、彼らに大きな苦痛を強いられることになる。著作権者を本当の意味で、守るということは、無断使用に対する罪の意識を強く持つことである。

著作権者の死亡後、その著作権は死後50年とされている。後述するが、今、死後の著作権の保護年数について、議論が続いている。筆者としては、50年の考え方は一定の意味があると考えている。前述したように、開墾すれば、3代までは自分の土地になるという原則に似ている。開拓したお祖父さんの後、お孫さんまで、おおよそ50年は使用することができる。この伝統的な考えが死後の著作権保護のために生きているとの確証はできないが、我が国の著作権保護と似通っているのは興味深い。

大学図書館の利用者、とくに研究者の中には、米国の公正利用（Fair Use）は、営利なコピーでなければ自由に著作権の承諾なしに使用できると勘違いしている利用者、評論家もいる。そのことで、日本の著作権法があたかも利用者のサービスを無視した、頭の硬い悪法であると公言している人もいる。確かに、米国の著作権法の中に公正利用の考え方は含まれている。しかしながら、その実態は、米国では法律をベースにしながら、ひとつひとつの著作権問題ごとに、訴訟にともなう裁判が開かれているのが現状である。このことについては、延長法の運用も含めて後述する。

(3) 知的財産法と著作権

知的財産法とは、特許法（発明）、実用新案法（考案）、意匠法（意匠）、商標法（商標）、半導体集積回路の回路配置に関する法律、種苗法（植物の新品種）、著作権法である。

著作権は、人格権と財産権に分けることができる。人格権としては、以下のものがある。公表権（18条）：自分の著作物を公表する決定権。氏名表示権（19条）：著作者名の表示や筆名の使用の決定権。同一性保持権（20条）：著作物を他人が勝手に改変できない権利。財産権としては、複製権（21条）、上演権・

演奏権（22条）、上映権（22条の2）、公衆送信権（23条）、口述権（24条）、展示権（25条）、頒布権（26条）、譲渡権（26条の2）、貸与権（26条の3）、翻訳権・翻案権等（27条）がある。

2. 大学図書館と著作権

（1）著作権法31条とは

図書館のコピーサービスとそのサービスに対する複写権センター側の著作権厳守の議論は、著作権法31条の解釈についてその温度差が存在する。

・図書、記録その他の資料を公衆の利用に供することを目的とする図書館その他の施設で政令に定めるもの（以下この項において「図書館等」という）においては、次に掲げる場合には、その営利を目的としない事業として、図書館等の図書、記録その他の資料（以下この条において「図書館資料」という。）を用いて著作物を複製することができる。
・図書館等の利用者の求めに応じ、その調査研究の用に供するために、公表された著作物の一部分（発行後相当期間を経過した定期刊行物に掲載された個々の著作物にあっては、その全部）の複製を一人につき一部提供する場合
・図書館資料の保存のため必要がある場合
・他の図書館等の求めに応じ、絶版その他のこれに準ずる理由により一般に入手することが困難な図書館資料の複製物を提供する場合
・発行後相当期間：次号が出されるまで（発行後3ヵ月経過しても次号が発行されないものは3ヵ月経過後）とする。
・繰り返し：同一の著作物を対象とする同一利用者請求は6ヵ月に一回限り
・必要がある場合：稀覯書のコピー作成（一部のみ）、欠損ページの補充、破損・汚損が著しい資料の複製作成（一部のみ）。
・その他：出版者からバックナンバーとしても入手不可能な定期刊行物。

31条に該当しない複写
・図書館等の施設以外で行なう委託複写
・コイン式複写機等による複写（但し、次の条件であれば複写に準じる）
　①図書館の管理下にある

②図書館に申し出る
　③図書館が厳密に審査する
　④複写後、申し込みとの内容が一致しているか厳密に審査する
・図書館資料ではないもの
・来館者以外の者に提供する複写（当分の間、郵便の往復による利用者への直接提供）
・鑑賞用・娯楽用および営利目的のため
・未公表著作物の複写

　著作権法 31 条は、一定の基準をクリアーすれば基本的には著作権者の許諾なしで複製が認められている法律である。しかしながら、前述したとおり、実際にコピーする際には条件（決め事）がある。それらは、あくまでも著作権者が不利にならないように考えられている。このことを理解するために、2 つの例を以下に説明する。
　「発行後相当期間」とは、雑誌等の次号が出版されるまでは、複製はできないという意味である。月刊誌であれば 1 ヵ月後、季刊であれば 3 ヵ月後、但し、3 ヵ月を超える、例えば、年刊のようなものについては、3 ヵ月経過すれば複製できる。しかしながら、すぐ読みたい、あるいは手元に起きたいという利用者は、すぐには複製が許可されないので購買することが考えられる。このことで、著作権者は結果的には、経済的あるいは心理的な不安をある程度解消できると考えられる。
　図書の一部分の複写は、一回で一冊の 40％程度として、例えば、100 頁の図書を、初日 40％、2 日目 40％、3 日目 20％と 3 日連続で 100 頁複製することはできない。同一利用者の「繰り返し」には、6 ヵ月に 1 回の制限があるため、100 頁の本をすべて複製するためには、早くても 1 年半かかることになる。図書についても雑誌同様、緊急性のある利用者は、図書を購入することが考えられるので、著作権者への負担の一部削減となると考えられる。
　このような考え方で、著作権 31 条は図書館の複写サービスを支援している。

（2）大学図書館における文献複写に関する実務要項とは

　日本複写権センターは、著作権法31条の規程どおりに日本の大学図書館はその運営が守られていないことを危惧していた。特に図書館のコイン式のコピーについてはなおさらである。したがって、日本複写権センター（後述）と大学図書館は一定の契約を締結することで、大学図書館の著作権問題を解決しようとした。大学図書館側は、著作権31条に遵守して運営していることを伝え、日本複写権センターからの31条運営上の疑問点を「大学図書館における文献複写に関する実務要項」としてまとめ、日本複写権センターに提出した。

・趣旨：複写が著作権に従っていることを保証すること。
・著作権法尊重態度の周知：ポスター、利用手引きの発行。
・セルフ式自動コピー機による複製の運用
　（コピーの管理）：管理責任者が決める。
　（誓約書）：利用者に提出させる。
　（点検）：管理責任者が行なう。
　（予防処置）：上記のことを掲示する。

（3）著作権管理団体

1．日本複写権センター（Japan Reprographic Rights Center：JRRC）とは
・広く著作者から複写等に関する権利行使の委託または事務の委託を受ける。
・利用者との間に複写利用許諾契約を締結する（現在、約4,000の企業団体および個人と契約しており年間の収入は、約1億5,000万円である）。
・大学図書館としては、契約の方向性も視野に入れたいが、大学との契約か図書館単体での契約なのかも解決されていない。因みに、国立大学の事務部門はすでに日本複写権センターとの契約を結んでいる。
・年間使用料（支払いと分配：⇔）
　「著者」⇔「出版社」⇔「出版者著作権協議会」⇔ JRRC（個別・包括契約）
　「著者」⇔「学会」⇔「学術著作権協会」⇔ JRRC（個別・包括契約）
　「新聞社」⇔「新聞著作権協会」⇔ JRRC（個別・包括契約）
　「著者」⇔「日本美術著作権協会・日本脚本家連盟・日本文芸著作権保護同盟・全日本写真著作権同盟」⇔「著作者団体連合」⇔ JRRC（個別・包括契約）

・年間使用料の算出方法
  ①年間使用料＝全コピー台数×2,500枚×2円
  ②年間使用料＝全従業員数×20枚×2円
  ③年間使用料＝（全従業員数×20円）＋（全コピー台数×2,000円）

2．世界複製権機構（IFPRO）

日本複写権センターと同様の役割を担っているのが、世界複製機構である。各国の設立年と年収を設立順に並べる。
  ①1965年 VG WORT（ドイツ）31億9,000万円
  ②1978年 コピーライト・クリアランス・センター：CCC（アメリカ）70億3,300万円
  ③1980年 KOPYNOR（ノルウエー）18億5,000万円
  ④1984年 CLA（イギリス）28億6,200万円
  ⑤1986年 CAL（オーストラリア）12億1,500万円
  ⑥1988年 CFC（フランス）3億6,900万円
  ⑦1991年 JRRC（日本）1億5,000万円

ドイツが歴史的には一番古く、収入が最も多いのはアメリカである。ドイツは国家として著作権者を守ることに早くから動き始めて、日本よりも25年長い歴史を持っている。アメリカの収益が多いのは、1枚のコピーの値段が、日本の30倍するということもそのひとつの要因であるが、「情報を得るためには、一定のお金がかかる」という欧米人と日本人の価値観の相違も各国の機構運営に違いがある。

(4) 大学図書館間協力における資料複製に関する許諾契約

国立、公立、私立の各大学図書館は、国公私立大学図書館協力委員会を設置し、大学図書館全体としての取り決めはこの委員会が中心となっている。国立大学図書館協会87大学（国立情報学研究所含む）、公立大学協会図書館協議会66大学、私立大学図書館協会約470大学が加盟しており、大学図書館の「協力ニュース」「大学図書館研究」の発行、OCLCとNIIのグローバル・ILL・フレームワーク（GIF）の運用、大学図書館著作権検討委員会、シンポジュームの開催等を実施している。「大学図書館における文献複写に関する実務要項」

について、ポスターによる著作権法尊重態度の周知およびその広報活動を広く進めると同時に、大学図書館における著作権問題のＱ＆Ａを作成しそれを出版した。著作権関連のシンポジュームも開催し、広報活動および大学図書館員の研修の場として機能している。このことで、日本複写権センターからは「大学図書館における文献複写に関する実務要項」の許諾を得ることができ、大学図書館は、実務要項を励行する条件で、コイン式の複写も許可された。

（5）著作権管理事業法

2001年10月に、民間企業が文化庁に登録するだけで著作権管理事業へ参入できるようになった。それまでは、1939年施行の仲介業務法により、管理業務は許可制だった。例えば、日本音楽著作権協会（Japan Society for Rights of Authors, Composers and Publishers：JASRAC）は1939年（昭和14）に設立されたものであるが、JASRACのみが認可されていたものであった。活動内容は、音楽著作物に関する管理事業、音楽著作物に関する外国著作権管理団体との連絡および著作権の相互保護、私的録音録画補償金に関する事業、著作権思想の普及事業、音楽著作権に関する調査研究、音楽文化の振興に資する事業等である。2001年10月からは、イーライセンス、ジャパン・ライツクリアランス、ダイキンサウンド等、27業者が登録を済ませており、現在では、12社団体が業務を開始した。

学術著作権協会（Japan Academic Association for Copyright Clearance：JAACC）は、2002年学術著作権処理システムとして、また著作権等管理事業者として文化庁に登録をした。研究者・学会の一部の権利委託で機能し、一枚10円から50円の幅で、著作権料を徴収していた。学術著作権協会は、米国のCCCと複写許諾契約を締結し、CCCが委託されている84万タイトルにアクセス可能とした。基本的には1枚50円である。2003年に有限責任中間法人学術著作権協会を設立し、2009年に一般社団法人学術著作権協会として登記した。前述した複製権管理の国際組織「複製権管理機構国際連合（International Federation of Reproduction Rights Organizations：IFPRO）にも加盟している。

日本著作出版管理システムは、2001年1月に株式会社日本著作出版権管理システム（JCLS）を設立した。出版社著作権協議会に加盟している出版社約

300社のうち医学系・自然科学系専門出版社の約80社が一部協議会から離脱し、JCLSを設立したのである。JCLSは権利委託の役割を持ち、一枚10円から160円を要求した。その前年である2000年12月には、JRRCが特別許諾方式である「白抜きR」の取り扱いを中止した。2009年4月には出版者著作権管理機構（Japan Publishers Copyright Organization：JCOPY）が法人登記を完了した。そして7月1日にJCOPYが、JCLSから著作権等管理事業者の資格を継承した。具体的な業務概要については、出版者（社）から委託出版物のリストを預かり、これを日本複写権センター（JRRC）に再委託する。JRRCから分配される複写権使用料をJCOPYが構成する出版者7社団体、ならびに別途定めた学会・研究会に再分配する。さらに2009年7月1日に業務が拡大され、株式会社日本著作出版権管理システム（JCLS）が行なっていた著作権等管理業務のうち個別許諾方式業務、報告許諾方式業務ならびに一任型包括許諾方式業務が追加された。

その後、2003年10月に文芸著作権センターが、日本文芸著作権保護同盟の発展的解消により設立された。2003年12月には、日本写真著作権協会が、日本写真家協会、日本広告写真家協会等、7団体で設立された。写真家約800人が登録しており、利用者への写真家情報提供と利用許諾をその役割とした。

3. 著作権問題と対応策

（1）公共貸出権（Public Lending Right）とは

日本の公共図書館は、貸本屋のごとく図書を積極的に貸し出している。「読書年」など大いに本を読むためのキャンペーンも行なわれている。利用者の多くは、売れ筋の図書が図書館の蔵書になる前から予約ができ、その順番が巡ってくるのに時間がかかることもある。図書館側は、副本を準備することで利用者へのサービスは向上しているが、図書を借りることが多くなればなるほど、人々は図書を買わなくなる。他方、図書の販売部数も減少している。全般的な経済不況もあるが、消費者の図書以外への出費もある。現代社会では、携帯電話や電子ゲームやいろいろな趣味を含めた遊びが多くなっている。また、十分な図書を収めるだけのスペースを確保できない日本の住宅問題もある。現代は、

第2次出版革命と言われ、出版の数は増えているがお金を払って買うほどの図書も少なくなっており、図書館の本を借りるだけで十分で、自分の蔵書として傍らにおいておくことの必要性も少なくなったようである。このことも販売部数が減少したひとつの理由である。

以下に、公共図書館の貸出冊数の増加と販売部数の減少の因果関係を紹介する。

1981年に、公共図書館の貸出冊数は1億5千万冊、販売部数が9億5千万冊であった。(白書出版産業2010年、「出版指標年報2009年」)約20年後の2000年になると、図書館の数も増加しており貸出冊数は、5億3千万冊、販売部数が7億8千万冊になり約2億部減少している。さらに、2007年になると、貸出冊数6億6千万冊、販売部数は7億5千万冊とさらに減少している。2009年の出版物推定販売額は、2兆円の業界といわれていた出版界が、ついに書籍・雑誌で1兆9,356億円と2兆円を割った。前年度の2008年との比較だと4.1％も減少した。書籍だけの販売額をみると、8,492億円で前年度比4.4％の減少である。また、部数にすると7億1,781万冊になり2007年度より4,000万冊の減少である。2009年度の雑誌のみだと、1兆864億円で前年度比3.9％減少した。部数は、6.9％減少した。雑誌の休刊も189点と増加している。一方、創刊は135点あったが、雑誌そのものの生き残りもその競走の激しさを増している。

公共図書館の貸出数の増加にともない販売部数が減少することで、著作権者の収入も減少する。図書館の普及につれて著作権者を迫害しないように、各国では文化的・文芸的な継承・発展のために図書館の貸出に対して、主に国の基金(補助金)として、著作権者に補償金が支払われている。ヨーロッパの国々はその対策をすでに始めているが、著作権者の保護としての公共貸出権(Public Lending Right)の法制化もされている。

次に、公共貸出権を法制化した国を年代順に並べると以下のとおりである。
1946年デンマーク、1947年ノルウェー、1954年スウェーデン、1961年フィンランド、1968年アイスランド、1973年ドイツ、1973年ニュージーランド、1974年オーストラリア、1977年オーストリア、1979年イギリス、1986年オランダ、1986年カナダ、1987年イスラエル、1988年フェロー諸島、1993年グリ

ーンランド、1999年モーリシャス、2000年リトアニア、2003年フランス。次に、主な各国の公共貸出権について解説する。

イギリス：1979年3月に公布された。1980年からその実施が開始された。2002年公共貸出権のための補助金実績をみると、12億6千万円を政府は用意しており、公共図書館から貸し出された冊数（回数）ごとに、著者に対してその図書の販売収入に見合う報酬を提供している。イギリスの場合は、公共図書館のものだけとしているが、分配額はすべて政府の税金である。

オランダ：1971年に試行され、1986年に規程が施行された。この法律は、著作権法の中に組み入れられている。イギリス同様、公共図書館だけとしている。分配額であるが、財源は政府1：利用者2で利用者も図書を貸出する際の負担がある。分配率であるが、著者70％：出版者30％である。

ドイツ：オランダ同様、独立した法律ではなく、著作権法の中に組み込まれている。公共図書館だけではなく、すべての図書館で貸し出された著作権者の図書に対して返還している。分配金は貸出し実績に基づいているが、財源は各図書館の予算でまかなっている。

カナダ：図書館の所蔵冊数によってその分配額は異なる。

オーストリア：著作権法に組み入れられている。分配額は、図書館の蔵書冊数によって適用が異なる。

ノルウェー：全ての図書館に適用。

現在、ヨーロッパでは、次のような議論が継続している。2004年のブエノスアイレスでのIFLAの総会で、スペインから「図書館における公衆への貸し出しの防御に関する決議」が発議されることを受け、2005年IFLAは「公衆貸出への防御が、市民への情報アクセス機会を阻害する要因となってはならないとする旨の声明」を公表している。

日本：日本の現状においては、著作権法第26条の3（貸与権）「著作権は、…複製物の貸与により公衆に提供する権利を専有する」著作権法第38条第5項（営利を目的としない上演等）「映画フィルム…第26条に規定する権利を有する者に相当な額の補償金を支払わなければならない」が規定されており、限定的範囲で公共貸出権が導入されていることになる。日本文芸家協会からは、文部科学省および文化庁に、公貸権導入の「要望書」が提出されている。その趣

旨は、営利を目的としない上映に、映画フィルムを貸与することに補償金の支払いが認められるのであれば、現状の規定の中で、図書等の貸出しにも補償金を支払うことを考慮できるはずであるとの要求をしている。

(2) 米国における著作権と裁判例

米国の著作権法および公正使用について、日本では認められていない項目を一例として紹介する。

108 条：図書館間相互貸出の名目で資源共有を目的として、資料のコピーを認めている。また、視聴覚およびデジタル資料にも適用可能。

109 条：非営利であれば、ソフトウェアを含むあらゆる種類の資料の賃貸および貸出を認可している。

110 条：教室においてすべての著作物の展示と実演を遠隔学習についても認めている。

121 条：視覚障害者用資料の複製を認めている。

著作権延長法の例：著作権延長法（Copyright Term Extension Act, CTEA）あるいはソニー・ボノ著作権延長法（sonny bono Copyright Term Extension Act）と呼ばれているもので、保護期間が 95 年に延長されたものは 1998 年に制定された。95 年の保護期間については、訴訟が最高裁判所に持ち込まれたが、2003 年 2 月に合憲であるとされ成立が確定した。

もともと、この保護期間の延長を求めたのはディズニーである。ミッキーマウスが最初にこの世に誕生したのが、1928 年である。その当時、著作権法による保護期間は、56 年間であった。つまり、ディズニーの保護期間は 1984 年までであった。1928 年から 48 年経った保護期間が終わる 1976 年に、著作権法が改正され保護期間が 75 年になった。このことで、ディズニーの保護期間はさらに 19 年延び、1984 年から 2003 年まで保護期間を延長された。さらに、1998 年にその保護期間は、95 年間に延長された。ディズニーの著作権は、さらに 20 年延びることで、2023 年まで延長されることになった。この法律は、アメリカの憲法である、「議会は、限られた期間中、作家と発明家に対して著作や発明に対する独占権を与えることができる」（第 1 条 8 節 8 項）という規定に違反するものとして、市民 3 人が差し止め訴訟を 1999 年に提起した。法律

学者52人経済学者17人等が、このことを支援したが、2003年2月に評決により大差で「限られた期間中」が合憲とされ著作権延長法の成立が確定した。

(3) 著作権保護期間と戦後積算法 (戦時加算問題)

2006年11月に始まった「著作権保護期間の延長問題を考える国民会議」では、延長によるさまざまな影響を危惧する声もある。国民的議論を尽くさずに延長を決めないようにという趣旨で文化庁に要望書を提出した。国内では、著作権者の死後50年とされている保護期間については、「著作権問題を考える創作者団体協議会」が欧米並みに死後70年に延長するように文化庁に要望書を提出している。この創作者団体協議会は、日本文芸家協会、日本音楽著作権協会など16団体で組織されている。

著作権に関する国際条約であるベルヌ条約は、最低限の保護期間を死後50年としているが、欧米諸国は1990年に死後70年に延長している。日本では、国内・国外の著作物の保護期間は死後50年である。外国では70年であるが外国の作品であっても日本では50年である。逆に、外国の作品は70年であるが、日本の作品は外国でも50年である。これは、ベルヌ条約では、相互主義により、自国より保護期間が短い国の著作物は、短い国に同調することになっているからである。このことで、日本に輸入された外国（欧米）の作品は自国では70年なのに、日本では50年であり、20年も短くなるために不満は強い。因みに、日本では映画だけが、2004年に70年に延長している。創作者団体協議会は、「文化や芸術の発展のためには、創作者の創造意欲を高める著作権保護の充実が必要だ。また、著作物が国境を越えて流通する時代を迎え、知的財産立国を実現するためにも、欧米に合わせるべきだ」と提言している。

著作権保護期間の問題のひとつの争点として、戦時加算問題がある。1952年のサンフランシスコ平和条約で、連合国側から戦時加算の問題が義務づけられた。この期間として、1941年12月から1952年4月までの10年強を加算されている。従って、日本での保護期間は50年＋10年（戦時加算分）の60年となっている。この戦時加算の義務は、日本だけで、ドイツ、イタリアは事実上課せられていない。創作者団体協議会は、「不平等条約を解消するためにも、保護期間を欧米並みにして、交渉の出発点に立つべきだ。文学、音楽、

美術などの流通を見ると、欧米とのやり取りが圧倒的に多い。70年に延長したうえで、主要国の著作者団体と交渉し、戦時加算の請求権を放棄してもらう道が考えられる」。これに対して、延長問題を考える国民会議は、「現在でも、欧米主要国の作品は、事実上60年なのに、もし70年に延長したら70年＋10年の80年になってしまう。文化産業では、輸出より輸入のほうが多い我が国にはとってはさらに不利になる」という。（2006.11.8　読売新聞朝刊）

現在、文部科学省の文化審議会著作権分科会で審議中である。著作権の世界での戦後はまだ終わっていないということが言える。

（4）Googleプロジェクトと著作権問題

2005年にグーグルは、当初グーグルファイブと称してハーバード大学、スタンフォード大学、ミシガン大学、オックスフォード大学そしてニューヨーク・パブリック・ライブラリーの4大学図書館と1公共図書館の蔵書のデジタル化の契約を結んだ。同時期に、グーグルは、米国議会図書館のワールド・デジタル・ライブラリー（WDL）プロジェクトに300万ドルを寄付した。その後、このグーグルの書籍デジタル化プロジェクト（Google Books Library Project）に、2006年にはカリフォルニア大学、バージニア大学、ウィンスコンシン大学マディソン校の8機関がパートナーとして参加することが発表された。日本では、2007年に慶應義塾大学が、グーグルと共同でこのプロジェクトに参加し、2008年1月には、福澤諭吉の『学問のすすめ』他の著作と慶應義塾百年史などの174冊を、グーグルブック検索を通じて公開した。

グーグル書籍検索問題は、グーグルが著作権者の許諾なく書籍をスキャンすることに対して、米国作家組合と出版社5社が提訴したことに遡る。この訴訟は、2008年に和解するが、この和解効力は米国外にも影響が及ぶことになった。この和解内容は、権利者がグーグルの書籍データベースの売り上げの63％を得られることと、許諾なくグーグルがデジタル化したものについては、1件につき60ドルを得られるというものである。2009年には、日本ビジュアル著作権協会が、今回の和解案については日本の著作権者、出版関係者の意見がまったく取り入れられていないという理由で和解案を拒否している。ドイツのメルケル首相も、グーグルの書籍のインターネットでの全文検索に対して、ドイツ

政府は著作権がインターネット上でも保護されることが条件であるし、ドイツ国内の作家を守るための著作権の保護がない限り書籍のスキャンは認めないとの見解を述べている。日本の文化庁も2009年に、米国政府に対して、日本の作家等の著作権者について公平・公正な扱いを求めており、この和解案の内容を速やかに情報提供するべきであると求めている。

(5) 文化審議会著作権分科会の役割

著作権の審議については以下の5つの分科会にその役割が分かれている。この中で特に図書館が関係するのは、法制問題小委員会である。

1．法制問題小委員会（図書館関連の著作権はここで審議する）
   ・情報化した著作権等の権利のあり方
   ・情報化等に対応した権利制限のあり方
2．契約・流通小委員会
   ・著作物の流通を促進するための政府から民間の支持等のあり方
   ・契約に関する法制のあり方
3．国際小委員会
   ・国際的ルール作りへの参画のあり方
   ・アジア地域との連携の強化および海賊版対策のあり方
4．著作権教育小委員会
   ・広く社会人等を対象とした普及啓発事業のあり方
   ・児童生徒への教育の充実、教員の指導力の向上等のための支援策のあり方
5．司法救済制度小委員会
   ・著作権に関する司法制度のあり方
   ・裁判外紛争手段等のあり方

注
1）岡本薫『インターネット時代の著作権』全日本社会教育連合会、2003年、p.6。
2）同上書、p.6。

第10章
大学図書館員教育の実際

1. ケースメソッドを用いた大学図書館員教育の有効性

以下は、図書館員および図書館学専攻の学生の教育に必要なケースメソッドについて、簡単に解説する。

(1) 図書館・情報学教育の特徴
図書館情報学に関する教育の特徴は、以下の4点である。
・理論と実践が緊密な関連性を有する。
・個々の実践的経験の結果として、知識を高めることができる。
・その知識の集積のなかから、一般理論が形成される。
・実務面で直面する、高度な問題処理能力を育成・養成する。

(2) 図書館・情報学におけるケース・スタディの概略
図書館情報学における代表的なケース・スタディは以下のとおりである。
・1930年代ハーバード大学ビジネススクールで開発：実際に起きた経営の出来事が書かれた教材を討議する形式の授業。
・1950年代初期：Kenneth R. Shaffer（シモンズ・カレッジ図書館学科）が4編のケースを出版。
・1968年 Mildred H. Lowell（インディアナ大学図書館大学院）がケースメソッドの集大成を出版。
・1994年パブリック・サービス研究分科会が「大学図書館業務ケース・ス

タディ集」を作成。

(3) ケース・スタディの類別
・リサーチケース・スタディ
　リサーチケース・スタディとは、一般的原則や法則を導き出す調査研究方法のことである。
・インストラクションケース・スタディ
　①規範的なケース・スタディ
　　実践の優れた模範を提供し、一般的原則を説明しているが、そのことを実際にケース・スタディとして実施するにはその教育方法がまだ確立されていない。
　②プロブレム・ケース・スタディ
　　問題解決を主たる目的とする。教育方法として確立している。

(4) ケースメソッドとは
・一般的にケース・スタディと呼ばれているのは、プロブレム　ケース・スタディのことである。
・ケース・スタディを用いた教育方法をケースメソッドと称する。
　20世紀初頭にハーバード大学ビジネススクールで開発された教育方法。ディベートと異なり優位論と劣位論が存在しない。さまざまな能力を持った個人が、ディスカションを通じて新たな解決を創造する「コラボレーション」である。

(5) ケースの分析過程[1]
ケース・スタディを用いた分析過程は、以下のとおりである。
①ケースの一読
②数回のリーディング
③登場人物、相互関係、付録事項、重要な要因・要素
④問題、課題、論点
⑤達成すべき問題

受講者は、登場人物から委託されたコンサルタントとして、その課題を達成する。必要があれば、リサーチや報告書を作成する。

⑥調査研究すべき論点・領域

受講者は、必要に応じて文献調査を行ない、それに関連したさまざまな観点から検討を行なう。専門外であっても、それぞれの結論を用意して提示する。

⑦解決すべき問題：問題解決のための9ステップ

ステップ1：中心となる問題のステートメント。中心の問題だけを抽出（問題点の漏れは3, 8で拾う）。そのようにすべき、どのようにできる、何をすべき、何ができるかを考える。

ステップ2：事実（状況）のステートメント。問題に関係のある事実の再検討。そのときの状況、誰が誰に頼んだか。

ステップ3：「一群」の問題のリストアップ。ステップ1で選ばれた問題以外のものの抽出。

ステップ4：選択対象になる行動手段のステートメント。問題解決（最善の策）のためにすべての可能性を探る。自由な発想、とっぴな可能性。

ステップ5：選択対象になる行動手段の利点と欠点の確認。想定される賛否両論の観点から厳密に検討される。良い結果（解決）、悪い結果（紛糾）。

ステップ6：最善の選択対象の選定となぜそれが最善なのかについてのステートメント。最終的にもっとも大きな利点を持つ、あるいはもっとも欠点を持つ、あるいはもっとも欠点の少ない1つを選択する。

ステップ7：フォロースルー。ステップ6との相互関連がある。選定結果に対して起こる反作用の追及、ロールプレイング、目的達成の困難さを実感する。

ステップ8：「一群」問題の討議。ステップ3に戻り、残された問題について対応を検討する。

ステップ9：ドキュメンテーション。結論を支持するための充分な説明を提示するための広範囲な調査研究を行なう。

（6）実施方法
①グループごとにサンプルを取る方法
　学部生、大学院生、図書館員等に同じケースをやらせ、その結果の違いからケースメソッドの教育的価値を判断することにより、ケースの内容の見直しに有効なデータがもたらされる。
②段階的に結論を導く方法
　個人の結論⇒グループの結論⇒クラスの結論
　自らが出した結論がどのように変化していくかを認識することと、最終的に自分の出した結論と異なったときに、その結論で十分に納得したか、あるいは納得させたかを認識する。

2．プロブレム・ケース・スタディの実際

　私立大学の図書館業務の見直しのために、次のケース・スタディー集を作成した。[2)]
　「視聴覚サービスは誰がやる」「サービス拡充？　勤務体制維持？」「資料ロケーションがサービスに及ぼす影響」「開館時間が延長に！　さて、対応は」「文庫のコーナーはどこですか」「学術情報センターへの接続と所在情報の公開」「学生へのCD館外貸出について」「借りたい本が書架にない！　延滞図書をめぐる問題」「雑誌を寄贈してもらったけれど！」「結果オーライ？　過程が大事？？」「整理係の危機⁉」「資料組織・運用部門登場」「図書館ガイダンスのあり方を考える」「利用者にとって快適な図書館環境」「ひらけ、ゴマ⁉」「図書館の引越し請け負います」「ブック・セール（翻訳）」「専門職員にとっての週22時間労働（翻訳）」「メイウッド・コレクション（翻訳）」「指定図書制度（翻訳）」「特別購入（翻訳）」。
　今後は、適切なケースへ改訂を加え、コーディネーター担当者の役割と訓練の問題点を解決しながらケースを作成するには、図書館員が関与していくことが重要である。実際に自分たちでケースを作成し、自身でケース・スタディを実施したとの報告もあり、図書館員が常に身近な問題として、どのように解決したのかをケースとして作成することが重要なのである。

ケースメソッドの問題点については、適切なケースが不足している点、熟達したインストラクターが少ない点、日本の図書館あるいは図書館員の育成レベルが、ケースメソッドの研修を受けるまでには達していない点、図書館経営に対する意識が低い点等が考えられる。

　図書館員の育成を目的としたケースメソッドの導入について、結論をまとめると、知の創造拠点として大学を位置づけるためには、大学図書館の充実つまり学術情報基盤整備の確立が必要で、そのために大学図書館は専門職業務の確立、つまりプロフェッショナル・ライブラリアンの育成（図書館長、事務長等のリーダーとしての育成）が急務であり、その方法として、ケースメソッドの導入効果は十分に認識されている。

注
1) 「ケースメソッドについて」慶應義塾大学大学院経営管理研究科［http://www.bookpark.ne.jp/kbs/about_kbs02.asp］（最終アクセス　2011.10.1）
2) 『大学図書館業務ケース・スタディー集』パブリック・サービス研究分科会（私立大学図書館協会東地区部会）1994.4～1996.3

資料1：クラス討議「日曜開館と開館時間延長について」

　このケースは、クラス討議の資料として作成された架空事例であり、固有名詞はすべて想像上のものである。筆者が2003年1月に作成し、2007年1月に改訂した。

　日暮里大学図書館の閲覧課長・上野さんは、7月初旬のある日の昼食後、デスクに戻ると品川経済学部教授が話をしたいとのことで待っていた。品川教授は「今月、2年間のアメリカ留学から帰ってきたが、アメリカの大学の図書館はすべて日曜日と平日24時間開館を実施しているよ。ぜひ、日暮里大学もそのようにしてほしいな。学術情報を取り扱う大学図書館では、当然のことだし、学生、教員へのサービス向上になるのだからよろしく頼むよ！　実施についての返事をなるべく早くいただきたいと思う」と一方的に言って去ってしまった。上野課長は、留学から帰ってくるとすぐこのようなことを言い出す教員がいると思いながら、大学院生の自治会、学部のゼミナール委員会からも、「日曜開館」「開館時間延長」の要望が上がっていることを思い出した。いずれにしても何らかの回答は出さなければならない。

　日暮里大学は、文学部、法学部、経済学部の3学部があり、各学部1学年400名で、各学部の在校生は1600人、学部全体で4,800人になる。大学院生は各研究科に100名合計300名在籍している。教員数は150名で、職員数は300名くらいである。

　図書館は、地上3階、地下2階で、蔵書冊数は約100万冊ある。年間の図書予算は3億円で、図書館図書予算が1億5千万、研究室図書予算が1億5千万となっている。図書・資料費のうちの5千万円を、EJおよび各種購入費にあてている。経常費総額で、6億5千万円の規模である。

　図書館員数は、専任15名、嘱託5名、業務委託30名で、閲覧・書庫管理20名（うち専任3名：うち課長1名、業務委託17名）、レファレンス専任4名、ILL専任2名、選書専任3名、テクニカル20名（内専任2名：課長1名、嘱託

5名、業務委託13名）、事務長1名である。

　図書館の開館時間は、月〜金曜日が9:00〜21:00（18:00〜21:00は閲覧サービスのみ）である。ただし、2月、3月、8月、9月の4ヵ月は、月〜金曜日が9:00〜18:00 土曜日が9:00〜16:00と短縮開館している。現在の入館者数は、毎日2000人を超える利用があり、大学図書館の学習・教育支援は十分に果たしていると上野課長は自負している。

　図書館施設として、480のキャレルと20台のコピー機、地下1階〜2階がすべて開架書庫になっている。1階には、AVコーナー、受付カウンター、貸出返却カウンター、レファレンス・カウンター等があり、2階に閲覧室が集中している。3階には雑誌を中心にした資料と貴重書室があり、OPAC端末は各階に3台と1Fのオープンエリア（インターネット端末設置）に20台集中して配置してある。

　現在の夜間体制は、1名の専任職員（15名のローテーション：月1回と、2回の居残りの場合あり）と業務委託4名で運営している。業務委託の勤務時間は、13:00〜16:30までは、配架、図書の整備（ラベル貼り、修理等）に従事している。18:00からは、閲覧カウンターのみをオープンしているが、食事・休憩の交替や、閉館時の対応には最低5名の確保が必要である。

　上野課長は、御徒町事務長にこのことを伝えたところ「冗談じゃないよ、金がないよ。金が」といわれてしまった。「ところで君はどのように考えるか」と逆に質問された。「利用者からの要求という意味ではなんとか日曜開館・開館延長の方向で考えたいと思いますが」と答えた。「それじゃ上野君のところでまず基本方針を決めて、それを提示してくれないか」ということになった。

　上野課長は、閲覧担当主任の大崎さんとレファレンス担当主任の大塚さんを呼んで相談してみた。大崎さんは、「日曜開館して本当に来館者があるのでしょうか、いつも夜9時でも利用者は結構残っていますよね」。大塚さんは、「その代わり朝はほとんど来ませんね。でも日曜開館すれば、それはそれで卒業生も含めてくるかもしれませんね」との感想だった。

　翌日の朝、上野課長は、御徒町事務長に呼ばれ、五反田館長が「ぜひ、日曜開館と時間延長を実施してほしい。もし、予算や準備の関係で両方を同時に実施することが困難であれば、そのどちらかを今年度中に実施してほしい」との

意向があり、このことに対応しなければならないと告げられた。どうやら品川教授からの池袋経済学部長に対する要望が、さらに五反田館長へのお願いとしてプレッシャーがかかったようである。上野課長は、御徒町事務長に対して、「それ用の予算がありませんが、どのようにしたら良いのでしょうか」と尋ねた。「そのことは館長に伝えてあるが、とりあえず見積りを取って、その金額によって具体的に判断してみよう。いずれにしても、かなり前向きに考えないと具合が悪そうだな」というのが事務長の見解であった。上野課長は、すぐに見積書を「参考資料」のとおり取った。

早速、上野課長は、緊急の臨時運営会議（課長2名と専任全員出席）を開催しその対策を話し合った。

新橋君「予算もないのに無理ですよ。学長が出してくれるなら別ですが」
田町さん「でも、開館の方法によっては、あまり経済的な負担をかけずに実施できるかも」
目黒君「この東京のど真ん中にある大学で、夜9時以降開館するとして、人を確保できますか、スタッフのほとんどは、皆1時間から2時間かけて通っているのですよ」
恵比寿さん「セキュリティの問題もありませんか」
原宿さん「その点は、今だって特に管理職が残っているわけではないから無視できるんじゃないですか、ちょっと微妙ですが」
代々木さん「その前に、まず、サービスの向上とは何か、日曜開館と開館延長が本当に利用者へのサービスになるのかを議論しましょうよ」
新宿さん「それはサービス向上になると思います。大学院もゼミナール委員会も要求していることだし」
代々木君「俺の言いたいのは、彼らが図書館機能をほんとに求めているのか、施設の利用のみなのかを確認したいということなんだよ」
目白さん「そのことはあまり重要ではないですよ。開館すれば、目的はともかく利用者はきますからね」
駒込さん「それと慎重に考えなければならないのは、一度サービスを拡大したら、後には戻れないということですよ」

資料1：クラス討議「日曜開館と開館時間延長について」

恵比寿さん「日曜開館した場合、専任も出勤するようになるんですか」
大久保さん「そのことは重要で、振替休日なのか、残業なのかによっても財源に影響しますよね」
巣鴨課長「私は、テクニカルの立場にいるので申し上げにくいのですが、日曜開館、時間延長はある意味では、図書館のサービス体制の流れだと理解しています。|参考資料| にも付けましたが、かなりの大学で実施しています。この現状を見る限り、早期の実施が望ましいとは思います」
上野課長「皆さんいろいろな意見をありがとうございました。何となくイメージがつかめてきたので、皆さんの意見を私のほうでまとめて、具体的な案を作成し、事務長、館長と相談し、決定したいと思います」

上野課長の任務は、案を作成し御徒町事務長および五反田館長に説明することです。皆さんが上野課長の立場だったらどうしますか。

【設問1】1．以下の4つから方針を選ぶ。
①日曜開館と時間延長の両方をする②日曜開館だけをする③時間延長だけをする④両方ともやらない

【設問2】1．上記①〜④の選択理由はなにか。
2．上記①〜③の場合のサービス体制はどうするか。3．②、③の場合の運営体制（人員配置を含む）はどうするか。4．①〜③の場合の財政基盤はどのようなことが考えられるか。

〈参考資料〉
①見積書　開館延長　1時間　年間320万円（人件費200万円業務委託4名分、光熱費）、日曜開館　5時間　年間1500万円（人件費1,000万円業務委託4名分、光熱費）年間　1,100万円（システム保守料、含む人件費）
②平成14年度予算　図書支出（図書館図書）1億5,000万円（7月現在消化率：35％）内3,500万円は、高額図書（1冊100万円以上）、経常費3億5000万円（7月現在消化率：40％）人件費は除く。

資料2：クラス討議「図書予算の削減とサービスの向上」

　このケースは、クラス討議の資料として作成された架空事例であり、固有名詞はすべて想像上のものである。筆者が2003年11月に作成し、2004年1月に改訂した。

　その図書館も10月あるいは11月の声を聞くと、次年度の予算申請に追われる。新規事業の立ち上げ、進捗状況を見ながらの継続事業の見直し、あるいは今年度で完了するであろう事業の縮小・整理等、利用者へのサービス向上のための事業の見直しをしながら、そのことを支える財源および組織・人材（人財）について検討することに忙しくなる。
　今、私立大学は18歳人口の減少もあり、全体の30％が定員割れを起こし、大学そのものの経営状態に赤信号がともっているところも少なくない。したがって、年々予算の削減が、あたりまえのことになってきている感がある。図書館の利用者へのサービス展開に非常に重要な図書予算も例外ではなく、研究・教育支援に影響がでるくらいの予算削減がなされている大学もある。あるいは、図書館の規模の縮小、とりわけ人件費の削減でその場を凌ごうとしている大学もある。大学の最も重要な、研究・教育の充実を忘れて、企業並みの格付けを得るために経営の建て直しをはかっている大学も出てきている。
　ここS大学においても、ついに大学経営の悪化が現実の問題になってきた。S大学のS選書課長は、年々減少している図書費に対して、学内でのリソースシェアリングを行ないながら、資料費の有効活用をしてきた。そのことは、充分に評価されているのだが、抜本的な解決にはならず図書の購入に陰りが見え始め、雑誌のタイトル数も少しずつ減少していることに頭を悩ましている。このことに、追い討ちをかけるように、来年度は図書予算の前年度比30％削減の内示を受けた。特に電子媒体資料の購入に力を入れ始めようと考えていたS課長、K事務長そしてM館長にとっては、多少予想していたものの、30％という削減率は予想もしていないものだった。それはS大学図書館のサービス展開

に大きな痛手になると同時に、大学の経営状態がそこまで悪化しているのかと一同愕然とした。

　S大学の図書予算は、図書館図書予算（図書館が学生のために選書する）と研究室予算（教員が学部のために選書する：図書館には選書権はない）が予算化されている。因みに研究室図書予算は、1億円で、図書支出、図書資料費等はすべて学部内で調整されている。

注）以下に示すものは、すべて図書館図書予算のものである。

2003年度の予算実績と2004年度の予定額およびS大学図書館の電子媒体購入実績は、以下のとおりである。

　①2003年度　図書予算　1億8千万円（内訳：図書予算　1億4千万円　図書資料費　4千万円：逐次刊行物2千8百万円、電子媒体1千2百万円）

　②2004年度　図書予算　1億2千6百万円（前年度比　30％減）
　　注）図書予算、図書資料費の内訳はすべて図書館の判断で行なう。

　③S大学電子媒体購入実績
　　基本研究用基本情報
- 著作権台帳（CD-ROM）14,000円・世界音楽大事典（CD-ROM）229,000円
- 昭和の読売新聞（CD-ROM）43,300円・Magazine Plus 324,000円
- Digital News Archives for Libraries 581,000円・日経BP記事検索サービス 573,000円・大宅壮一文庫雑誌記事索引（CR-ROM）3,900円・大宅壮一文庫創刊号コレクション 151,000円・テレコン21 951,000円・日経全文データベース（CD-ROM）474,000円・日経NEEDS 3,630,000円・会社四季報（CD-ROM）1,900円・S&P Computer 1,404,000円・Moody's Company Data（CD-ROM）693,000円・Moody's International Company Data（CD-ROM）526,000円・NBER 115,000円・OCLC ECO452,000円・Science Direct 1,004,000円

　2003年の実績は上記のとおりであるが、2004年は下記のことも考慮しながら購入することになる。

　　・大宅壮一文庫は現在オンライン130,000円で売り出し中・日経全文データベース（CD-ROM）は発売中止・Moody'sについては、現在、両方を統合して

FIS Mergent Online 3,000,000 円で売り出し中。

　追い討ちをかけるように、国立情報学研究所（NII）が無料提供していたOUP の電子ジャーナルが 2003 年 12 月一杯で中止になった。現在、プリント版の購入に 250 万円かかっており、現在と同じタイトルをプリント版とオンライン版の両方で維持するためには 10%（25 万円）増しの 275 万円を予算化しなければならない。

　ところが、I 総務課長のところに朗報が入った。私立大学図書館コンソーシアムが立ち上がり、OUP との交渉の結果次の条件でコンソーシアム参加が可能になった。

　①オンラインで（S 大学の場合　200 万円）購入すれば、プリント版の購読は、35% で購入できる。全体タイトルにアクセス可能。

　②参加資格は 55 万円以上の購入費用を支払っていること。

　③契約期間 3 年間の追加料金はなし。

の条件が示された。S 大学で計算すると、200 万円 + 70 万円 = 270 万円になる。つまり 20 万円の増額でプリント版もオンライン版も両方購入できることになる。オンラインだけならば、50 万円の減額で提供できる。ただし、利用者（特に教員）からは、プリント版を止めることに強烈なクレームがついている。すべてオンラインに切り替えることは、かなり困難な状況にある。

【問い】このような状況の中で、図書館のサービス向上を前提に、S 選書課長の立場にたって、どのように予算折衝に取り組むかのコンセンサスを取ってください。

〈参考資料 1〉
　K 大学メディアセンターが実施した「電子ジャーナルに関するアンケート調査」結果を添付する。[1] この結果については、S 大学図書館も同様とお考えください。278 名から回答あり。

（回答者学部別内訳）
文学部 11 名（4%）、経済学部 20 名（8%）、法学部 12 名（4%）、商学部 10 名（4%）、理工学部 90 名（32%）、医学部 65 名（23%）、総合政策学部 13 名

(5%)、環境情報学部13名（5%）、看護医療学部4名（1.4%）、社会学研究科1名（0.3%）、経営管理研究所16名（8%）、政策メディア研究科5名（2%）、その他18名（6%）

（回答者年齢別内訳）
20歳代22名（8%）、30歳代66名（28%）、40歳代117名（42%）、50歳代61名（22%）、60歳代12名（4%）

①電子ジャーナルを利用したことがありますか。　　はい　89%、いいえ　10%

②個人で契約している電子ジャーナルがある　　はい　8%
　学会会員として電子ジャーナルを利用している　　はい　32%
　Pay-per-view, pay-per-viewなどで個人的に論文を入手した　　はい　32%

③主に利用されている分野をお答えください。
　医学34%　生物学18%　化学16%　物理学15%　経済学10%　機械・電気工学9%　数学8%　その他10%

④利用頻度
　週に数回利用している　35%　　月に数回利用している　34%　　毎日利用している　15%　　その他　16%

⑤電子ジャーナルの利用方法についてお伺いします。（複数回答可）
　メディアセンターホームページのアルファベット順リストを利用する　64%
　Web of science、PudMedのデータベース検索結果からリンクを利用する　48%
　電子ジャーナルサイトにある検索システムを利用する　31%
　手元にある引用文献情報から、電子ジャーナル検索（EJOPAC）を利用する　29%
　電子ジャーナル中の参考文献からリンクを利用する　23%
　電子ジャーナルアラート機能を使って利用する　7%
　その他　3%

⑥電子ジャーナルとプリント版の雑誌では、どちらを利用することが多いで

すか
電子ジャーナルがあればプリント版は使わない　48%
電子とプリント版を併用する　43%
プリント版のみ利用している　6%
6-1　プリント版を利用する理由
　　　電子ジャーナルは画質や画像が悪いものがある　21%
　　　プリント版には電子ジャーナルにはない必要な情報が含まれる　16%
　　　インターネット環境が不十分である　21%
　　　その他　42%
⑦メディアセンターは電子ジャーナルを積極的に導入すべき　はい　94%
　　　　　　　　　　　　　　　　　　　　　　　　　　　　いいえ　5%
　　7-1　いいえの理由
　　　　　研究分野に電子ジャーナルが存在しない　7%
　　　　　プリント版のほうが利用しやすい　57%
　　　　　その他　36%
⑧電子ジャーナルかプリント版かの選択についてどうお考えでしょうか
　　プリント版から電子版へ移行できるものは電子にしていくべきだ　49%
　　電子ジャーナル、プリント版ともメディアセンターは利用可能にするべき　26%
　　雑誌ごとに検討すべきである　15%
　　その他　10%
⑨電子ジャーナルの費用負担についてどのようにお考えですか
　　K大学全体で予算の枠にとらわれず予算を確保すべきだ　85%
　　必要な部署のみが費用を出し合って契約すべきである　6%
　　その他　9%
⑩予算の有効利用およびスペースの節約のために、メディアセンターでは、学内で購読しているプリント版の重複購入を研究室購読雑誌も含めて減らしたいと考えています。これについてどう思われますか。
　　状況は理解できるので、学内にあれば納得する　80%

学内で重複してもプリント版を手元に置きたいのですべて継続してほしい
　　　13%
　　その他　7%

〈参考資料2〉
　K大学図書館におけるインターネット、電子ジャーナルにおける洋雑誌の割合
インターネット　68.9%（平成14年度）67.9%（平成15年度）
電子ジャーナル　100%（平成14年度）100%（平成15年度）
注）学部学生のレベルでは、洋雑誌の利用率は極端に低い。

〈参考資料3〉
　S大学の洋資料の電子媒体価格は、約7,000,000円（4,200,000＋2,700,000：OUP）電子媒体の約50%、図書資料費の約20%になる。

　注
　1）　市古みどり著：慶應義塾大学メディアセンター「電子ジャーナルに関するアンケート調査結果報告」メディアネット　No.11、2004.11.、p.16-21。

資料3

「図書館の自由に関する宣言」(抄)(日本図書館協会、1954年採択、1979年改訂)
(前文)図書館は、基本的な人権のひとつとして知る自由をもつ国民に、資料と施設を提供することをもっとも重要な任務とする。この任務を果たすため、図書館は次のことを確認し実践する。
第1　図書館は資料収集の自由を有する
第2　図書館は資料提供の自由を有する
第3　図書館は利用者の秘密を守る
第4　図書館はすべての検閲に反対する
　　　図書館の自由が侵されるとき、われわれは団結して、あくまで自由を守る

「図書館員の倫理綱領」(抄)(1980年決議)日本図書館協会
(図書館員の基本的態度)
第1　図書館員は、社会の期待と利用者の要求を基本的なよりどころとして職務を遂行する。
(利用者に対する責任)
第2　図書館員は利用者を差別しない。
第3　図書館員は利用者の秘密を漏らさない。
(資料に関する責任)
第4　図書館員は図書館の自由を守り、資料の収集、保存および提供につとめる。
第5　図書館員は常に資料を知ることにつとめる。
(研修につとめる責任)
第6　図書館員は個人的、集団的に、不断の研修につとめる。
(組織体の一員として)
第7　図書館員は、自館の運営方針や奉仕計画の策定に積極的に参画する。
第8　図書館員は、相互の協力を密にして、集団としての専門的能力の向上につとめる。
第9　図書館員は、図書館奉仕のため適正な労働条件の確保につとめる。
(図書館間の協力)

第10 図書館員は図書館間の理解と協力につとめる。
（文化の創造への寄与）
第11 図書館員は住民や他団体とも協力して、社会の文化環境の醸成につとめる。
第12 図書館員は、読者の立場に立って出版文化の発展に寄与するようにつとめる。

参考文献

Allen, Louis A., *Management and organization*, New York, McGraw-Hill, 1958.
アルベルト・マングェル、野中邦子訳『図書館愛書家の楽園』白水社、2008.
岡本薫『インターネット時代の著作権』全日本社会教育連合会、2003 年.
尾城孝一「図書館コンソーシアムのライフサイクル」『カレントアウェアネス』CA1553、2005.3、No.283、p15-18.
加藤好郎「アーカイブスを考える」『教育情報パック』2006.10-11.
─────「大学図書館における社会貢献：一般開放の状況」『図書館雑誌』vol.100、No.8、2006.8.
─────「大学図書館の日本複写権センターへの対応について」私立大学図書館協会東地区部会研究部研究会記録、2000.
─────「大学図書館におけるリーダーシップ論：フィドラーコンティンジェンシーモデルの実証的研究」『大学図書館研究』1986.12.
─────「大学図書館の評価：ORR の調査方法に基づいて」私立大学図書館協会会報、1980.8.
─────ほか『大学図書館業務ケース・スタディー集』パブリック・サービス研究分科会私立大学図書館協会東地区部会、1994.4～1996.3.
川端康成『雪国』創元社、1937、355p.
Kawabata, Yasunari., *Snow country*, translated with an introduction by Seidensticker, Edward G., C.E.Tuttle, 1957, c1956.
Kotler, P., Broading the concept of marketing, *Journal of Marketing*, 1969.
自治省財政局『地方公共団体の総合的な財政分析に関する調査研究報告書（概要）』2000 年 3 月 29 日.
Schader, Barbara ed., *Learning Commons*, Chandos publishing, 2008, 437p.
須賀千絵「イメージチェンジを図る英国の公共図書館」[http:/www.mext.go.jp/a menu/shougai/tosho/]（最終アクセス　2011.10.1）
菅谷明子『未来をつくる図書館：ニューヨークからの報告』岩波新書、2003、230p.
スティーブン　P. ロビンス、高木晴夫訳『新版組織行動のマネジメント』ダイヤモンド社、2009.
高橋徹『日本人の価値観・世界ランキング』中央公論社、2003.
高山正也『図書館経営論確立に向けてのノート：図書館経営論のさらなる発展のために』勉誠出版、2001.

――――「図書館会計論序説」『現代の図書館』41（1），2003. 3.
――――ほか『図書館概論』雄山閣出版、1992.
――――ほか『図書館経営論』樹村房、1997.
――――編『改訂　図書館経営論』樹村房、2002.
Donald Urquhart: *The Principles of librarianship*, Scarecrow Press, 1981. 98p.
Drucker, Peter F., Crossover between the nonprofit and business sectors: symposium.report. 1994.3.
日本図書館協会「図書館の自由に関する宣言」.
――――「図書館員の倫理綱領」.
――――『日本の図書館1999年版』1999.
Heinrich, Herbert William, *Industrial accident prevention*, McGraw-Hill, 1931, 366p.
House, Robert J., Path-goal theory of leadership: Lessons, legacy, and a reformulated theory. *Leadesership Quarterly* 7(3), 1996, p.323-352.
福澤諭吉『西洋事情　初編巻之一』（福澤諭吉全集第1巻）岩波書店、1957.
藤野幸雄『アメリカ議会図書館』中央公論社、1998.
二神恭一・西川太一郎編著『産業クラスターと地域経済』八千代出版、2005.
古川栄一著『経営学通論』同文館、1973.
前島重方ほか『図書館概論』樹村房、1998.
McNeil, Beth, *Paron behavior in libraries : a handbook of positive approaches to negative situation*, American Library Association, 1996.
望月護『ドラッカーと福澤諭吉』祥伝社、2001.
文部省『大学図書館実態調査報告』平成11年.
文部省社会教育局編『連合国軍総司令部指令没収指定図書総目録』今日の話題社、1982年.
柳与志夫『図書館経営論』学文社、2007.
吉田政幸・山本順一共編『図書館情報学の創造的再構築』勉誠出版、2001.
Ranganathan, S.R., *The five laws of Library of Science*. 2ed., 1957.
Lessin, Barton M. et al., *Standards for Libraries in Higher Education*, Association of college and research libraries, 2004.
Robbins, Stephen P., *Essentials of organizational behavior*, San Diego State University, 1997.

索　引

ア行

アーネスト・リチャードソン　131
アイオワ州デイモン公共図書館　148
愛国者法　157, 159, 160
青柳文庫　9
アカウンタビリティ　83
アスター・レノック・ティルディン　99, 144
アルバート・ハンフリー　116
アレン，ルイス　52, 101, 195
アンリ・ファヨール　5
怒りの葡萄　148, 149
異文化コミュニケーション　3
イリノイ大学図書館研究センター　159
医療ウェブサイト　143
インストラクション　178
インテリジェント技術　88
インパクトファクター　50, 51
インフォメーション・コモンズ　97, 98, 125
英国図書館戦略計画の再定義　118
英国図書館（The British Library）の中期戦略　118
英国の公共図書館　23, 111
永続組織としての図書館　12
営利組織　30, 43, 74, 82, 83
延滞罰則　27
延滞料　27, 28, 111, 113
オープンエリア　86, 184
オープンラーニング　23
オンライン・コース・ウェア　95
オンライン・データベース　91, 96

カ行

開架実用　88
開架実用最小値　88
開架実用値　88
開館時間延長　183
開館日数　36
会計システム　83, 84
外国諜報監視法　159
階層型組織　55
階層化の原則　53
外的要因としての外部環境　117
科学的管理法　4, 8
課業管理　4
学習環境整備　96
学習環境デザイン　96
学術著作権協会　167, 169
学生アシスタント　57, 58, 92
『学問のすすめ』　162, 163, 175
貸出禁止　27, 28, 111
貸出サービス指数　36, 37
貸出冊数　24, 26, 36, 37, 171
貸出停止　27, 113
貸出密度　36, 42
課題構造　64
課題志向　63, 65
学校図書館図書基準　47
学校図書館図書整備費　46, 47, 51
カリスマ的支配　6
カリフォルニア州の職業別初任給　22
管理過程の解明　5
管理原則の提示　5
官僚制組織　55
官僚制の合理性　6
官僚組織　4-6, 55

197

機関リポジトリ　95, 96
危機・安全管理マニュアル　119
企業の行動原理　74
企業のブランド競争　44
企業のブランド調査　40
基準財政需要額　14
期待理論　65
ギトラー氏の「大学評価基準」　11
基本財政収入額　14
キャリア計画　69, 70
休日開放　48
業績評価　67, 72, 73
グーグルの書籍デジタル化プロジェクト　175
グーテンベルク 42 行聖書　28
クラスター政策のライフサイクル　121
クラス討議　183, 187
クレリカル・スタッフ　57, 58
グローバルな視野に立った業績評価　72
経営管理　8, 12, 55, 93, 117, 181, 190
経営戦略（論）　33, 51, 66, 87, 116, 124, 126
経営組織論　1, 4
経営の概念化　5
経済発展の理論　73, 102
経常経費　17, 36, 37
契約・流通小委員会　176
ケース・スタディー　180, 181, 195
ケースメソッド　177, 178, 180, 181
ケビン・オコーナー州検事　160
権限委譲　53
研修　9, 10, 59, 67-71, 79, 80, 91, 92, 109, 127, 132, 133, 144, 161, 169, 181, 193
コアジャーナル　51
公共貸出権　170, 171, 172
公共図書館　4, 8-10, 13, 14, 16-25, 30, 31, 34-36, 44-46, 55-57, 60, 81, 88, 98-101, 108, 109, 111, 112, 115, 118, 122, 131, 142-149, 160, 162, 170-172, 175, 195
国際小委員会　176
国際図書館連盟　157

国際標準規格 ISO 11620　41
国立国会図書館　10, 31, 43, 45, 152, 153, 161
国立図書館　10, 118, 162
古書店協会　106
古典的経営論　4, 8
コピーライト・クリアランス・センター　168
コラボレーション　i, 39, 126, 178
コロンビア大学　10
コンソーシアム　i, 39, 44, 45, 91, 110, 126, 131-139, 189
コンソーシアムのライフサイクル　121, 135, 136
コンティンジェンシーモデル　62

サ行

サービスのライフサイクル　32, 38, 70
災害防止の科学的研究　105
採用　9, 18, 25, 39, 60, 67, 68, 81, 82, 84, 101, 146
雑誌購入種数　36
差別的出来高給制度　5
サミュエル・グリーン　131
サミュエル・ティルデイン　99, 144
参加型リーダーシップ　65
産業クラスター　120, 121, 130, 195, 196
参考業務回答件数　36
参考調査業務受付件数　36
シアトル公共図書館　98, 99, 146, 147
支援型リーダーシップ　65
自己管理型チーム　68
指示型リーダーシップ　65
システムとしての図書館　12
実質貸出密度　36
指定管理者　18, 19, 100
　　――制度　18, 19, 81, 98, 100, 146
指定図書制度　180
シナジー効果　44, 98, 122, 144
司法救済制度小委員会　176

資本原理主義　66
新学校図書館図書整備費　47
社会教育法　13
社会貢献　49, 51, 76, 78, 195
社会心理学　7
出版者著作権管理機構　170
シュンペーター，ヨーゼフ　73, 102
条件即応理論　62
少年法　154-156
商品のライフサイクル　32, 38
照明実験　7
職場環境整備委員会　109
職場研修　69
書籍館　9
自立的な組織　138
資料の劣化　111
資料費　17, 18, 36, 37, 47, 48, 81, 84, 183, 187, 188, 192
新学校図書館図書整備費　47, 51
人件費　36, 37, 57, 80, 94, 186, 187
新古典経営論　4, 8
新古典的経営論　4
人材管理　67
人的資源管理　66
人脈ネットワーク　70
推奨意向　40
スタインベック，ジョン　148, 149
政策的インプリケーション　124
生物的要因　111
製本費　36, 37
西洋の簿記　2
世界複製権機構　168
責任・権限の原則　53
セクシャルハラスメント　109, 113
全国盗難資料リストデータベース　106
戦時加算問題　174
仙台藩藩校　9
全日本大学開放推進機構　49
専任職員数　21, 36
専任図書館員数　57

相互貸借件数　36
蔵書回転率　17, 36-38, 42
蔵書冊数　17, 36, 47, 172, 183
蔵書新鮮度　36
組織行動学　52, 53

タ行

ダーウィン　129
大学図書館学術情報基盤整備実態調査　47, 48, 51
大学図書館機能としてのコモンズ　94, 97
大学図書館における文献複写に関する実務要項　167-169
大学図書館の社会貢献　49, 50
貸借対照法　82
対人スキル研修　69
貸与権　165, 172
ダウンズ報告　10
高橋徹　75, 102, 195
タスクフォース　8, 56, 61, 71, 73, 125, 138
達成型リーダーシップ　65
地域経済の活性化　120
知識の体系化　28, 38
知的財産法　164
地方交付税　14, 16, 46
地方財政　15
地方税　14, 16
著作権　54, 55, 99, 109, 140, 146, 162-176
著作権延長法　173, 174
著作権管理事業法　169
著作権教育小委員会　176
著作権法31条　165-167
著作権保護　164, 167, 174
追放図書　153
図式評価尺度
デアリング報告　96
帝国図書館　10
テイラーの科学的管理法　4
電子ジャーナルに関するアンケート調査　189, 192

索引　199

電子複写枚数　36
電子ポートフォリオ　95, 96
伝統的支配　6
伝統的な組織論　53
同時多発テロ　143, 145, 157
統率限界の原則　53, 54
登録者数　36
ドキュメント・デリバリー・サービス　91
ドキュメント・デリバリー・テスト　40
図書館員の倫理綱領　151, 193, 196
図書館概論　25, 124, 196
図書館協議会　16, 17, 57, 138, 168
図書館クラスター　121-124
図書館経営論　12, 25, 42, 102, 109, 119, 121, 124, 195, 196
図書館コンソーシアム　39, 135-138, 140, 147, 189
　　――のライフサイクル　135, 147, 195
図書館サービス論　124
図書館施設の構成　85
図書館友の会　22, 44, 49
図書館の権利憲章　148, 149
図書館の権利宣言　149
図書館の五原則　54
図書館の自由委員会　154-156
図書館の自由に関する宣言　151, 154, 161, 193, 196
図書館のブランド協力　44
図書館のブランド調査　40
図書館法　9-11, 13, 16, 23, 30
図書館令　9, 11
図書購入費　36
図書の検閲　149
図書無断帯出防止装置（BDS）　86
トップ・マネージメント　ii, 60
トップダウン　61, 134
トライアングル・リサーチライブラリー・ネットワーク　132
トライアングル大学図書館協力委員会　132

ナ行

内的要因としての経営資源　117
ナショナル・ジオグラフィック協会　29
西ケンタッキー大学図書館　114
日曜開館　79, 105, 183-186
日本人の価値観　75, 102, 168, 195
日本音楽著作権協会　169, 174
日本古書店協会　107
日本著作出版管理システム　169
日本図書館協会　9, 105, 119, 151, 154, 193, 196
日本複写権センター　167-170, 195
日本文芸家協会　172, 174
日本文庫協会　9
入館者数　36, 184
ニュージャージー州　14, 111
ニューヨーク・パブリック・ライブラリー（NYPL）　98, 99, 102, 141-145, 175
人間関係研究　8
人間関係論　4, 7, 8
人間尊重　66
年間受入冊数　17, 36
年間除籍冊数　36

ハ行

パーキンソンの法則　127
ハーバード大学ビジネススクール　177, 178
ハインリッヒの法則　104
パス・ゴール理論　64-66
発生主義　81-83
発生主義的会計方式　81
パフォーマンス　37, 42, 77
パワーハラスメント　109, 113
バンク配線作業　7
阪神淡路大震災　107
非営利組織　28, 30, 37, 43, 74, 76, 77, 80, 102

——としての図書館　12, 30
——のマーケティング　43, 51
ヒエラルキー型の組織　74
非公式な組織　8, 61
非専任職員数　36
ピノキオ事件　153
費用対効果　17, 30, 37, 38, 51, 90, 106, 133
費用対便益　30, 37, 38, 90
ピラミッド型　54, 56
ビル・ゲイツ　71
品質管理　56
ファカルティセンター　97
フィドラー　62, 63, 195
——のコンティンジェンシーモデル　62
フィラデルフィア図書館会社　4, 9
フィリップ・コトラー　43
『福翁自伝』　11
福澤諭吉　2, 11, 162, 175, 196
物理的要因　111
フラット型　56
ブラッドファオード　51
プランゲ文庫　151, 152
ブランド知覚　40
ブランド調査　40
プレミアム度　40
プロフェッショナル・ライブラリアン　i, ii, 21, 39, 50, 57, 58, 60, 125, 181
プロブレム・ケース・スタディ　178, 180
文化審議会著作権分科会　175, 176
焚書坑儒　151
分労の原則　54
閉架実用値　88
米国愛国者法　159
米国カーネギー高等教育審議会　i
米国議会図書館　54, 175
米国損害保険会社　104
米国図書館協会（ALA）図書館経営管理協会　106
米国図書館協会（ALA）図書館災害準備ハンドブック　107
米国大学図書館協会　90, 102
米国の大学図書館　57, 90, 94, 97
——の館員数　57, 101
——の図書館基準　90
米国立公文書館別館分室　153
ベルヌ条約　174
返却期限　27
ベンジャミン・フランクリン　4, 9
法人実効税率　16
法制問題小委員会　176
ホーソン工場　7
ボストン図書館コンソーシアム　131
没収指定図書総目録　152
ボトムアップ　61

マ行

マーケティング　28, 31, 32, 43-45, 51, 82, 101, 122, 142
マーケティングミックス　43, 44
マイクロソフト　40, 67, 71, 99, 146
マサチューセッツ工科大学　96
町田市立中央図書館　111
マッカーサー，ダグラス　34
マックス・ウェーバーの官僚組織　5
ミシガン大学　10, 175
見せかけの類似性　62
ミッション・ステートメント　90
無断帯出　110
メイヨーの人間関係論　7
明倫養賢堂　9
命令報告の一途の原則　53
メリーランド大学　151, 152
メルビル・デューイ　131
面接調査　7
目標管理　55
目録作成委託業務　38
文字活字文化振興法　46, 51
モデュール　86
モデュラーシステム　86

ヤ行

予約貸出率　37

ラ行

ラーニング・コモンズ　97, 98
ライティングコモンズ　98
ライブラリー・スクール　9
ライブラリーツアー　59
ライブラリーフレンド　145
ランガナータン　54
リスクマネージメント　92
リチャード・オアー　40
利便性　40
両極端間の見せかけの類似性　62
リレー組み立て試験室　7
レセプションカウンター　86
レファレンス・カウンター　184
労働災害賠償責任　109
労務管理　8
ロンドン大学ユニバーシティ・カレッジ　9

ワ行

和魂漢才　1
和魂洋才　1
和田萬吉　9

欧文索引

ALA　11, 21, 22, 100, 106, 107, 148, 159, 160
Archivist　125
BAMBAM　106, 107
Bates, M　95
BDS（Book Detection System）　86
Bibliographer　125
Business　126, 133
Cataloger　125
Collection Development　126
Cooperative Service　126
Curator　125
Digital Librarian　125
Electronic Librarian　125
GHQ　10, 29, 151-153
House, Robert J.　64, 101
Humanities　126
ICOLC　39, 136, 139, 140, 147
IFLA　157, 161, 172
ILL（Inter Library Loan）　131
Impact Factor　50
ISO 11620　41, 42
JCOLC　138
Library and Information Science　35
Library Economy　35
Library Science　10, 21, 35
Marchionin, G.　94
Medicine　126, 133
OCLC（Online Computer Library Center, Inc.）　45, 102, 168, 188
OPAC　32, 33, 87, 110, 184
Organization Behavior　101
Organization Bibliographic Data　126
PDCA　5, 12
PDS　5, 12
Perception Quotient　40
PFI　18, 84
Reference Librarian　125
Research and Development　127
Science　101, 126, 138, 188
Serials Librarian　125
Space Issue　126
SPARC JAPAN　141
SWOT　116
System Librarian　125
Times Higher Education Supplement　50
Training of Professional Librarian　127
University Librarian　125

著者略歴

1949 年生まれ
1973 年　慶應義塾大学大学院文学研究科図書館・情報学専攻修士課程修了。慶應義塾大学三田メディアセンター事務長、同大学国際センター事務長、同大学 SFC キャンパス事務長、慶應義塾高等学校事務長を経て
現　在　愛知大学文学部教授
主論文　「大学図書館における専門職制度導入の必要性」『情報管理』Vol.45, No.3, 2002、「大学図書館における社会貢献：一般開放の状況」『図書館雑誌』Vol.100, No.8, 2006

大学図書館経営論

2011年11月25日　第 1 版第 1 刷発行
2014年 5 月15日　第 1 版第 3 刷発行

著　者　加　藤　好　郎（かとう　よしろう）

発行者　井　村　寿　人

発行所　株式会社　勁　草　書　房（けい　そう）

112-0005 東京都文京区水道2-1-1　振替 00150-2-175253
（編集）電話 03-3815-5277／FAX 03-3814-6968
（営業）電話 03-3814-6861／FAX 03-3814-6854
本文組版 プログレス・日本フィニッシュ・牧製本

©KATO Yoshiro　2011

ISBN978-4-326-00036-4　Printed in Japan

JCOPY ＜(社)出版者著作権管理機構 委託出版物＞
本書の無断複写は著作権法上での例外を除き禁じられています。複写される場合は、そのつど事前に、(社)出版者著作権管理機構（電話 03-3513-6969、FAX 03-3513-6979、e-mail: info@jcopy.or.jp）の許諾を得てください。

＊落丁本・乱丁本はお取替いたします。

http://www.keisoshobo.co.jp

著者	書名	判型	価格
逸村裕・竹内比呂也編	変わりゆく大学図書館	A5判	2900円
上田修一・倉田敬子編著	図書館情報学	A5判	3200円
三田図書館・情報学会編	図書館・情報学研究入門	A5判	2700円
情報検索ガイドブック編集委員会編	情報検索ガイドブック　情報と文献の森の道案内	A5判	4400円
常世田良	浦安図書館にできること	〔図書館の現場①〕四六判	2600円
三田誠広	図書館への私の提言	〔図書館の現場②〕四六判	2500円
根本彰	続・情報基盤としての図書館	〔図書館の現場③〕四六判	2400円
杉岡和弘	子ども図書館をつくる	〔図書館の現場④〕四六判	2400円
安井一徳	図書館は本をどう選ぶか	〔図書館の現場⑤〕四六判	2100円
竹内比呂也ほか	図書館はまちの真ん中　静岡市立御幸町図書館の挑戦	〔図書館の現場⑥〕四六判	2100円
田村俊作・小川俊彦編	公共図書館の論点整理	〔図書館の現場⑦〕四六判	2400円
柳与志夫	知識の経営と図書館	〔図書館の現場⑧〕四六判	2400円
小川俊彦	図書館を計画する	〔図書館の現場⑨〕四六判	2300円
谷口祥一・緑川信之	知識資源のメタデータ	A5判	2800円
倉田敬子	学術情報流通とオープンアクセス	A5判	2600円
ヴィッカリー　村主朋英訳	歴史のなかの科学コミュニケーション	A5判	3800円

＊表示価格は2014年5月現在。消費税は含まれておりません。